ही
जवाब हैं

ALSO BY ALLAN & BARBARA PEASE
published by Manjul

*Why Men Don't Listen and
Women Can't Read Maps*

Why Men Lie and Women Cry

*Why Men Can Do One Thing at a Time and
Women Never Stop Talking*

*The Ultimate Book of Rude &
Politically Incorrect Jokes*

*How Compatible Are You?
Your Relationship Quizbook*

Questions are the Answers by Allan Pease

*Also in Hindi
Body Language by Allan Pease*

सवाल ही जवाब हैं

नेटवर्क मार्केटिंग में 'हाँ' तक कैसे पहुँचें

अनुवादः डॉ. सुधीर दीक्षित

MANJUL
मंजुल पब्लिशिंग हाउस प्राइवेट लिमिटेड

First published in India by

Manjul Publishing House Pvt. Ltd.,
10, Nishat Colony, Bhopal, INDIA - 462 003
Ph.: +91 755 424 0340 Fax: +91 755 405 5791
E-mail: manjul@manjulindia.com
Website : www.manjulindia.com

Published by agreement with Allan Pease, Pease International,
C/o Dorie Simmonds Literary Agency.

©2000 by Allan Pease
All rights reserved.

First published: 2001
This impression: 2009

ISBN   978 - 81 - 86775 - 06 - 6

Translation: Dr. Sudhir Dixit
Cover design by: Aquarius Inc.

Distributed in India by

 Full Circle Publishing Pvt. Ltd., New Delhi

Printed & bound in India by
Thomson Press (India) Ltd.

All rights reserved. No part of this publication may be reproduced, stored in or introduced into a retrieval system, or transmitted, in any form, or by any means (electronic, mechanical, photocopying, recording or otherwise) without the prior written permission of the publisher. Any person who does any unauthorized act in relation to this publication may be liable to criminal prosecution and civil claims for damages.

विषय-वस्तु

प्रस्तावना
- ल्यूक और मिया
- मैंने यह पुस्तक क्यों लिखी
- वादा
- आपकी प्रस्तुति दमदार कैसे बन सकती है

1. पहला कदम
   - सफलता के पाँच स्वर्णिम नियम
   - नियम #1. ज़्यादा लोगों से मिलिये
   - नियम #2. ज़्यादा लोगों से मिलिये
   - नियम #3. ज़्यादा लोगों से मिलिये
   - नियम #4. औसत के नियम का प्रयोग कीजिये
   - अपने अनुपात का रिकॉर्ड रखें
   - 9 डॉलर की पोकर मशीन
   - बड़ी सफलता कैसे पायें
   - नियम #5. अपना औसत सुधारिये
   - नेटवर्किंग बिज़नेस में औसत

2. किस तरह 'हाँ' तक पहुँचें
   - चार कुंजियों की तकनीक
   - लोग आपत्ति क्यों करते हैं
   - कुंजी #1. बर्फ पिघलाइये
   - कुंजी #2. सही बटन खोजिये
   - लोग क्यों ख़रीदते हैं
   - रॉन क्यों शामिल नहीं हुआ
   - जेन का ग़लत फैसला
   - प्राथमिक प्रेरणा घटक को किस तरह खोजें
   - एंगी मिली रे और रूथ से
   - किस तरह ब्रूनो ने एक सख़्त चने को फोड़ा

- किस तरह दांत के डॉक्टर का ऑपरेशन हुआ
- ऐसा ग्राहक जिसकी प्राथमिकता ही न हो
- मौन की शक्ति
- भेड़ों को बकरियों से अलग कैसे करें
- समूह के साथ सूची का प्रयोग
- कुंजी #3. सही बटन दबाइये
- योजना दिखाइये
- कुंजी #4. सौदा पक्का कीजिये
- यह तकनीक सफल क्यों होती है

3. सशक्त प्रस्तुति के छह महत्वपूर्ण उपाय

- उपाय #1 - पुल बनाना
- सुनने की देहभाषा
- उपाय #2 - सिर हिलाने की तकनीक
- उपाय #3 - न्यूनतम प्रोत्साहक
- उपाय #4 - आँखों पर क़ाबू कैसे करें
- उपाय #5 - प्रतिरूपण
- बंदर जो देखता है वही करता है
- अच्छा तालमेल बनाना
- पुरुषों और महिलाओं के बीच प्रतिरूपण असमानतायें
- उपाय #6 - गति निर्धारित करना

4. सकारात्मक प्रभाव डालने की छह सशक्त तकनीकें

- तकनीक #1 हथेली की शक्ति
- तकनीक #2 हाथ मिलाना
- हाथ मिलाकर तालमेल कैसे बनाया जाये
- हाथ ऐसे मत मिलाइये
- तकनीक #3 बाँये हाथ में सामान पकड़ना
- तकनीक #4 मुस्कराहट की ताक़त
- तकनीक #5 क्षेत्रीय सम्मान
- एक बहुत संवेदनशील विषय
- सफलता के लिये पोशाक

5. देहभाषा : संकेतों को किस तरह पढ़ें

- पढ़ने के तीन नियम
- नियम #1 संकेत-समूह को पढ़ना
- नियम #2 पृष्ठभूमि का विचार करें
- नियम #3 सांस्कृतिक भिन्नताओं का ध्यान रखें
- महिलायें क्यों बेहतर समझ सकती हैं
- देहभाषा पढ़ना कैसे सीखें
- देहभाषा की त्वरित मार्गदर्शिका
- हाथ बाँधना
- कारण और परिणाम की समस्याएँ
- हाथ से चेहरे को छूना

सकारात्मक देह-संकेत
1. सिर झुकाना
2. गाल पर हाथ रखना
3. चश्मे की नोक चूसना
4. सामने झुकना
5. मीनार
6. बाहर झाँकते अंगूठे
7. दोनों हाथ सिर के पीछे

नकारात्मक देह-संकेत
1. आलोचनात्मक मूल्यांकन
2. काल्पनिक रोयां चुनना
3. कॉलर खींचना
4. गर्दन में दर्द
5. मंद आँखें झपकाना
6. कुर्सी पर पैर रखना
7. कुर्सी पर पैर फैलाकर बैठना
8. धीमे-धीमे हाथ मलना

आखिरी शब्द

समापन

प्रस्तावना

अपने कपड़ों से प्रेम करो, अपने बच्चों से प्रेम करो, अपनी शकल से प्रेम करो - कार खरीदना है क्या ?
ZANETTI
ईमानदार एरिक की इस्तेमाल की हुई कारें

ल्यूक और मिया

ल्यूक एक बिल्डर था। वह चाहता था कि उसका बिज़नेस सफल हो जाये। उसने ठान लिया था कि वह अमीर बनकर दिखायेगा। उसकी पत्नी मिया अकाउंटेंट थी और उसकी कंपनी के ग्राहक उसे पसंद करते थे। एक दिन उनके पड़ोसी मार्टिन ने उन्हें अपने घर पर आयोजित एक बैठक में बुलाया। बैठक में उन्हें एक व्यावसायिक अवसर के बारे में जानकारी दी जाने वाली थी। मार्टिन ने हालांकि उन्हें विस्तार से कुछ नहीं बताया था पर चूँकि बैठक कुछ ही दूरी पर होने वाली थी और वे लोग मार्टिन को पसंद करते थे इसलिये उन्होंने वहाँ जाने का फैसला किया। इसके अलावा उनके जाने के पीछे यह कारण भी था कि इसी बहाने कई नये पड़ोसियों से भी मुलाक़ात हो जायेगी।

जैसे-जैसे बैठक की कार्यवाही आगे बढ़ी, ल्यूक और मिया के आश्चर्य का पारा भी चढ़ता गया। उन्हें अपनी आँखों और कानों पर भरोसा ही नहीं हो रहा था। उन्हें एक नेटवर्क मार्केटिंग योजना के बारे में बताया जा रहा था जिसे अपनाने से उन्हें आर्थिक आज़ादी मिलना तो तय था, साथ ही वे बेहद अमीर भी बन सकते थे। वे कुछ समय तक दिन-रात इसी योजना के बारे में बातें करते रहे। उन्होंने जल्द ही शुरुआत करने का फैसला किया क्योंकि उनका सोच यह था, "निश्चित ही, जिसने भी हमारी तरह यह योजना समझी है, वह हर आदमी इसमें शामिल होना चाहेगा"।

परन्तु यह उतना आसान नहीं था जितना उन्होंने सोचा था। हर आदमी योजना के बारे में उनके जितना उत्साहित नहीं था। कुछ लोग तो योजना के बारे में जानकारी लेने के लिये आयोजित बैठकों में भाग लेने के लिये आये ही नहीं। यहाँ तक कि उनके कई क़रीबी दोस्तों ने भी उन्हें अपॉइंटमेंट देने से इन्कार कर दिया। इसके बावज़ूद, वे धीरे-धीरे एक सफल व्यवसाय बनाने में सफल हुये। लेकिन यह सब उतनी तेज़ी से नहीं हुआ, जितनी उन्हें उम्मीद थी।

ल्यूक ने मिया से कहा, ' अभी तो हम लोगों को अपनी योजना में शामिल करने के लिये लगातार प्रेरित कर रहे हैं। कल्पना करो कि हमारी जगह यही लोग हमें यह बता सकते कि वे नेटवर्क मार्केटिंग में क्यों शामिल होना चाहते हैं ? काश ऐसा कोई रास्ता होता! '

ऐसा रास्ता है - और यह पुस्तक आपको वही रास्ता दिखायेगी।

नेटवर्क मार्केटिंग में शामिल होते समय ज़्यादातर लोगों को सबसे बड़ा डर यह होता है कि उन्हें ऊंचाई पर पहुँचने के लिये ज़्यादा सफल सेल्समेन बनना पड़ेगा। हमारा उद्देश्य इसी डर को दूर करना है। इस पुस्तक में एक सरल पद्धति बताई गई है जो आपको वह रास्ता दिखायेगी जिससे आप नये लोगों को ज़्यादा सरलता से शामिल कर सकेंगे। इसमें कोई दाँव-पेंच या छल-कपट नहीं है। इसमें कुछ तकनीकें हैं, कुछ सिद्धांत हैं जो निश्चित रूप से काम करेंगे - बशर्ते कि आप काम करें।

मैंने यह पुस्तक क्यों लिखी ?

जब मैं पहली बार 1980 में नेटवर्क मार्केटिंग से परिचित हुआ तो मैं हैरान था कि इसमें सफल होने की कितनी संभावनायें और कितने मौक़े थे जो सरल थे, कानूनी थे, नैतिक थे, आनंददायी और अमीर बनाने वाले थे। और यह कोई 'फटाफट अमीर बनने की स्कीम' नहीं थी- यह तो 'अमीर बनने' की एक पद्धति थी।

इससे दस साल पहले मैं सूचना संप्रेषण और विक्रय तकनीकों के संबंध में विकास और शोध करने में जुटा हुआ था जिनके द्वारा किसी भी बड़ी कंपनी की आमदनी को कई गुना बढ़ाया जा सकता था और लोग लखपति बन सकते थे। मैंने सोचा,'वाह! यदि मैं इन अत्यधिक सफल तकनीकों का प्रयोग नेटवर्क मार्केटिंग में कर सकूँ तो आशातीत परिणाम प्राप्त होंगे।'

यह पुस्तक नेटवर्क मार्केटिंग में उन तकनीकों को अपनाने, संशोधित करने, परीक्षित करने और प्रयुक्त करने का परिणाम है। आप पायेंगे कि इन तकनीकों को सीखना बेहद आसान है और इन्हें अपनाकर आप

सफलता की उस राह पर आसानी से चल सकते हैं जिस पर आज आप ही की तरह हज़ारों लोग चल रहे हैं।

और इसके बारे में ख़ास बात यह है कि आपने आज तक जो भी सीखा है उसमें ज़रा भी बदलाव लाने की ज़रूरत नहीं है। लगभग दो घंटे तक पढ़ने और निष्ठापूर्वक अभ्यास करने से आप अपने बिज़नेस को इतना बढ़ा सकते हैं कि आप ख़ुद ही हैरान हो जायेंगे।

वादा

इस पद्धति के साथ मेरी तरफ से वादा भी है जो आप इस पुस्तक में पायेंगे।

अगर आप इस तकनीक को दिल में उतार लें और पहले 14 दिनों तक एक भी शब्द न बदलें तो मैं वादा करता हूँ कि आपको कल्पनातीत परिणाम प्राप्त होंगे।

यह बहुत बड़ा, पक्का वादा है, है ना! पर आप यह न भूलें कि यह हम दोनों के बीच हुआ समझौता है - मैं आपसे बदले में यह वचन लेना चाहता हूँ कि आप अभ्यास करेंगे, अभ्यास करेंगे, अभ्यास करेंगे जब तक आप इन शब्दों को नींद में न दुहराने लगें। अगर, मगर, हो सकता है - इस तरह के बहानों को छोड़ दें और इस तकनीक को पूरी ईमानदारी और लगन से आत्मसात करने में जुट जायें। इस तरीके से यह तकनीक स्थायी रूप से आपकी हो जायेगी। मैं कई व्यावसायिक कंपनियों में सलाहकार या भागीदार रह चुका हूँ और यह तकनीक अपनाकर उन्होंने लाखों-करोड़ों डॉलर कमाये हैं, हज़ारों नये सदस्यों को अपनी कंपनी से जोड़ा है और अपनी आमदनी को 20 प्रतिशत, 50 प्रतिशत, 100 प्रतिशत, 500 प्रतिशत और 1000 प्रतिशत तक बढ़ाया है। यह अतिशयोक्तिपूर्ण दावा नहीं है। जो भी आप यहाँ सीखेंगे, वह आपकी ज़िंदगी बदलकर रख देगा पर इसके लिये आपको इस पद्धति को पूरी तरह से अपनाना होगा। अगर आप सहमत हों तो ज़ोर से और अभी 'हाँ' कहिये।

अगर आपने ज़ोर से 'हाँ' नहीं कहा हो तो इस अध्याय को फिर से पढ़ना चालू करें।

टिप्पणीः पुस्तक में जहाँ भी पुरुषवाचक शब्दों का इस्तेमाल किया गया है वह पुरुषों व महिलाओं दोनों के लिये हैं। अगर लिंग-भिन्नता के अनुसार व्यवहार बदलते हैं तो इसका पृथक उल्लेख किया जायेगा।

आपकी प्रस्तुति दमदार कैसे बन सकती है

किस तरह से मिलने का समय लिया जाये और किस तरह से अपनी व्यावसायिक योजना प्रस्तुत की जाये - इन विषयों पर कई अच्छी पुस्तकें और टेप उपलब्ध हैं इसलिये इस पुस्तक में इन विषयों पर ज़्यादा विस्तार से नहीं लिखा गया है। यह पुस्तक आपको बतायेगी कि आपको क्या करना है, क्या कहना है और किस तरह से कहना है ताकि आमने-सामने की चर्चा में **हाँ** सुनने के आपको ज़्यादा मौके मिल सकें।

यहाँ दी गई जानकारी का उद्देश्य यह है कि आपकी प्रस्तुति दमदार बनायी जाये और आपके वर्तमान ज्ञान में बिना किसी बदलाव के ऐसा किया जाये। इसी कारण इस पुस्तक में सबसे ज़्यादा ज़ोर दूसरी कुंजी **सही बटन खोजिये** पर दिया गया है।

काम आने वाली तकनीकों को बदलिये मत - उन्हें दमदार बनाइये।

 **एलन पीज़**

खण्ड एक

पहला कदम

ज़िंदगी की ज़्यादातर चीज़ों की तरह बहुत कम लोग इस खंड के शुरू में दिये गये चित्र को देखकर इसका स्पष्ट अर्थ समझ पाते हैं। अप्रशिक्षित आँख के लिये यह असंबद्ध रेखाओं की सिर्फ एक श्रंखला है जिसका कोई मतलब नहीं निकलता। पर जब आप रेखाओं या लाइनों के बीच में पढ़ने की कला सीख लेंगे तो आप महसूस करेंगे कि आपको इसका मतलब जानने के लिये अपने नज़रिये को थोड़ा सा बदलना पड़ेगा। और इस पुस्तक के जरिये हम आपको यही करना सिखाना चाहते हैं। (इस पृष्ठ को ज़रा सा झुकाकर न्यून कोण बनाये और अपने से थोड़ा दूर रखकर एक आँख बंद कर के इसे ध्यान से देखें।)

सफलता के पाँच स्वर्णिम नियम

ग्यारह साल की कम उम्र में मुझे मेरा पहला काम सौंपा गया। मेरे स्काउट ट्रूप के लिये एक हॉल बनने वाला था। इसके लिये पैसे जुटाने के उद्देश्य से मुझे घरेलू काम में आने वाले स्पंज बेचने का काम दिया गया। स्काउट मास्टर एक वृद्ध और समझदार आदमी थे और उन्होंने मुझे एक रहस्य बताया जिसे मैं परिणाम का नियम कहना चाहूँगा। मैं इस नियम के अनुसार ज़िंदगी भर चला हूँ और मैं यह निश्चित रूप से कह सकता हूँ कि जो भी इसका अभ्यास करेगा और इसके अनुसार चलेगा वह अंततः अवश्य ही सफल होगा। मैं आपको यह नियम उसी तरह बताऊंगा जिस तरह यह मुझे बताया गया था, 'सफलता एक खेल है - आप जितनी ज़्यादा बार इसे खेलेंगे उतनी ही ज़्यादा बार जीतेंगे और जितनी ज़्यादा बार आप जीतेंगे, उतनी ही ज़्यादा सफलता से आप इसे खेल सकेंगे।'

इस नियम को नेटवर्किंग में अपनायें

अगर आप ज़्यादा लोगों को अपनी योजना में शामिल होने का आमंत्रण देंगे तो ज़्यादा लोग आपके साथ शामिल होंगे। जितनी ज़्यादा बार आप उन्हें शामिल होने का आमंत्रण देंगे, आप आमंत्रण देने की अपनी कला को उतना ही निखारते जायेंगे और पहले से बेहतर बनाते जायेंगे। दूसरे शब्दों में, आपको ज़्यादा से ज़्यादा लोगों को अपने साथ जुड़ने का आमंत्रण देना है।

नियम # 1 : ज़्यादा लोगों से मिलिये

यह सबसे महत्वपूर्ण नियम है। जिसके पास भी सुनने की फुरसत हो, उससे बातें करना चालू कर दीजिये। इस मामले में घमंडी या बहानेबाज़ मत बनिये जो अच्छे संभावित ग्राहकों को छांटकर नकारने की कोशिश करता हो। अगर संभावित ग्राहकों की सूची पर नज़र दौड़ाते वक़्त आप यह सोचने लगें .....ये ज़्यादा उम्र वाले हैं, ...ये ज़्यादा युवा हैं, ...ये ज़्यादा अमीर हैं, ...ये ज़्यादा गरीब हैं, ...ये ज़्यादा दूर रहते हैं, ...ये ज़्यादा स्मार्ट हैं आदि-आदि, तो समझ लीजिये कि आप असफलता के मार्ग पर जा रहे हैं। अपने बिज़नेस को जमाने के शुरूआती दौर में आपको हर एक से बात करने की ज़रूरत है क्योंकि आपको अभ्यास की ज़रूरत है। जब आप अपने व्यवसाय के बारे में हर एक से बात करते हैं, तो औसत का नियम यह सुनिश्चित करता है कि आप सफल होंगे, सवाल सिर्फ़ यह रह जाता है कि आप कितने सफल होंगे। आपके बिज़नेस में ऐसी कोई समस्या नहीं है, जो आपकी गतिविधि या सक्रियता में वृद्धि से न सुलझ सके। अगर आप अपनी ज़िंदगी की दिशा के बारे में चिंतित हों, तो बस, आप अपनी प्रस्तुतियों की संख्या को दोगुना कर दें। अगर आपका व्यवसाय उतनी तेज़ी से नहीं बढ़ रहा है जितना आप चाहते हैं तो आप कुछ न करें, सिर्फ़ अपनी सक्रियता बढ़ा दें। बढ़ी हुई सक्रियता आपकी ज़्यादातर चिंताओं का अचूक इलाज है। हर किसी से बात कीजिये। यह पहला नियम है।

नियम # 2 : ज़्यादा लोगों से मिलिये

लोगों को फोन करते रहें। हो सकता है कि आप शहर के सबसे बढ़िया प्रस्तुतकर्ता हों पर अगर आप पर्याप्त संभावित ग्राहकों से नहीं मिलते हैं तो आप अपने बिज़नेस में ज़्यादा सफल नहीं हो सकते। हो सकता है कि आपकी वेशभूषा बढ़िया हो और आपका व्यक्तित्व सराहनीय हो लेकिन अगर आपकी प्रस्तुतियों की संख्या ज़्यादा नहीं है तो आपका प्रदर्शन सामान्य ही रहेगा। इसलिये हर एक से मिलिये, हर एक से बात करिये।

नियम #3 : ज़्यादा लोगों से मिलिये

नेटवर्क में मौजूद ज़्यादातर लोग इस बिज़नेस में सिर्फ़ ढर्रे पर ही चलते रहते हैं और अपनी पूरी क्षमता का दोहन नहीं कर पाते। वे सोचते हैं कि ऐसा उन संभावित ग्राहकों के कारण होता है जिन्हें वे राजी नहीं कर पाते। पर यह सच नहीं है- सच तो यह है कि ऐसा उन संभावित ग्राहकों के कारण होता है जिनसे वे मिल नहीं पाते।

आप लगातार लोगों से मिलकर अपनी बात कहते रहिये। अगर आप इन पहले तीन नियमों के अनुसार चलेंगे तो इसमें ज़रा भी संदेह नहीं है कि आप आशातीत सफलता प्राप्त कर लेंगे।

नियम #4 : औसत के नियम का प्रयोग कीजिये

औसत का नियम ज़िंदगी के हर क्षेत्र में सफलता दिलाता है। इसका मतलब है कि अगर आप किसी काम को बार-बार एक ही ढंग से करते हैं और परिस्थितियां समान रहती हैं तो आपको मिलने वाले परिणाम भी हमेशा एक से ही होंगे।

उदाहरण के तौर पर, एक डॉलर की पोकर मशीन का औसत भुगतान लगभग 10 : 1 होता है। अगर आप दस बार बटन दबाते हैं तो आप कुल मिलाकर 60 सेंट से लेकर 20 डॉलर के बीच की रकम जीतते हैं। 20 डॉलर की जीत के आपके अवसर 118 : 1 हैं। इसमें किसी दक्षता या कुशलता की ज़रूरत नहीं है। मशीनों को तैयार ही इस तरह से किया गया है कि वे औसत या प्रतिशत के हिसाब से भुगतान करें।

बीमा व्यवसाय में मैंने 1 : 56 के औसत की खोज की। इसका मतलब था कि अगर मैं सड़कों पर जाकर यह नकारात्मक सवाल पूछूँ, 'क्या आप अपने जीवन का बीमा नहीं कराना चाहते ?' - तो 56 में से एक आदमी मुझसे बीमा कराने के लिये तैयार हो जायेगा। इसका अर्थ यह है कि अगर मैं एक दिन में 168 बार यही सवाल करूँ तो मैं दिन में तीन बार सफल हो सकता हूँ और विक्रयकर्ताओं की चोटी के 5 प्रतिशत लोगों में जगह बना सकता हूँ।

अगर मैं किसी सड़क के कोने पर खड़ा होकर हर आने-जाने वाले से यह कहूँ, 'नेटवर्किंग बिज़नेस में मेरे साथ शामिल होना चाहेंगे ?' तो औसत का नियम निश्चित रूप से आपको परिणाम देगा। शायद 1 : 100 का जवाब 'हाँ' होगा। याद रखें, औसत का नियम हमेशा काम करता है।

जब मैं छोटा बच्चा था और घर-घर जाकर 20 सेंट में घरेलू स्पंज बेचता था तो मेरा औसत थाः

$$10 : 7 : 4 : 2$$

मैं शाम 4 बजे से 6 बजे तक जिन 10 दरवाज़ों को खटखटाता था उनमें से 7 दरवाज़े ही खुलते थे। उनमें से भी केवल चार लोग ही मेरी प्रस्तुति सुनते थे और मात्र दो लोग ही स्पंज ख़रीदते थे। इस तरह से मैं 40 सेंट कमा लेता था जो 1962 में अच्छी-ख़ासी रकम थी - ख़ासकर एक ग्यारह वर्षीय लड़के के लिये। मैं एक घंटे में आराम से 30 दरवाज़ों को खटखटा सकता था और इस तरह दो घंटे की अवधि में मैं 12 स्पंज बेच लेता था जो 2.40 डॉलर के बराबर रकम थी। चूँकि मैं जान चुका था कि औसत का नियम किस तरह काम करता है इसलिये मुझे उन तीन दरवाज़ों की चिंता कभी नहीं हुई जो नहीं खुले, न ही उन तीन लोगों के बारे में चिंता हुई जिन्होंने मेरी बात नहीं सुनी, न ही उन दो लोगों के बारे में चिंता हुई जिन्होंने मेरा सामान नहीं ख़रीदा। मैं तो बस इतना जानता था कि अगर मैं दस दरवाज़ों पर दस्तक दूँगा तो मैं 40 सेंट कमा लूंगा। इसका मतलब यह था कि हर बार जब मैं दरवाज़े पर दस्तक दूंगा तो मैं 4 सेंट कमाऊंगा इसके बाद चाहे जो भी हो।

औसत का यह नियम मेरे लिये एक प्रभावशाली और प्रेरणादायक शक्ति था - दस दरवाज़ों पर दस्तक दो और 40 सेंट कमाओ। सफलता सिर्फ़ इस बात में छुपी हुई थी कि मैं कितनी जल्दी इन दरवाज़ों पर दस्तक दे सकता हूँ।

अपने अनुपात का रिकॉर्ड रखें

औसत का रिकॉर्ड रखना और अपनी बिक्री के आंकड़ों का रिकॉर्ड रखना एक शक्तिदायक प्रेरणास्त्रोत था। जल्द ही मैंने इस बात की परवाह छोड़ दी कि मेरे दरवाज़ा खटखटाने पर किसने दरवाज़ा नहीं खोला, किसने मुझे देखने के बाद मेरी बात को नहीं सुना या किसने मेरी बात सुनने के बाद मेरा सामान नहीं ख़रीदा। जब तक मैं बहुत सारे दरवाज़े खटखटाता था और अपनी बात कहने की कोशिश करता था, मैं सफल था। इस तरह से मैं आश्वस्त रह सकता था और दरवाज़ों पर दस्तक देने में मुझे आनंद आने लगा।

औसत और आंकड़ों का रिकॉर्ड रखने से आप सकारात्मक बनते हैं और अपने लक्ष्य तक पहुँच सकते हैं।

यह न सिर्फ आपकी प्रेरणा का सतत स्त्रोत है बल्कि नकारे जाने को सहजता से लेने की कुंजी भी है। जब आप अपने औसत पर ध्यान रखते हैं तो आपको बाकी बातों की ख़ास चिंता नहीं होती। तब आप, जितनी जल्दी संभव हो, अगली मुलाक़ात करने के लिये प्रेरित होते हैं। औसत के नियम को समझे बिना आप केवल इतना ही सोच सकेंगे कि आगे क्या होगा। अगर कोई 'न' कह देगा तो आप निराश हो सकते हैं। अगर कोई दरवाज़ा नहीं खुलेगा तो आप उदास भी हो सकते हैं। पर अगर आप औसत के नियम को समझ लेते हैं और उसे स्वीकार कर लेते हैं, तो ऐसा नहीं होता। आप अपनी मुलाक़ातों/ प्रस्तुतियों/ नये सदस्यों के आंकड़ों को सामने रखते हुये औसत के अपने आंकड़े ख़ुद विकसित कर सकते हैं।

9 डॉलर की पोकर मशीन

जब मैं किशोरावस्था में था, मेरे पास एक सायंकालीन काम था। मैं बर्तन, चादर और कंबल बेचा करता था। तब मेरा अनुपात थाः

5 : 3 : 2 : 1

मैं पाँच संभावित लोगों को फोन लगाता था। उनमें से तीन मुझे मिलने का समय देते थे। इनमें से भी सिर्फ़ दो के सामने मुझे अपनी बात कहने का मौका मिलता था क्योंकि तीसरा आदमी या तो अपांइटमेंट कैंसल कर देता था या सुनता ही नहीं था या ऐसी कोई आपत्ति उठा देता था जिसे दूर करना मेरे बस में नहीं होता था। इस तरह सिर्फ़ दो ही लोग मेरी पूरी बात सुनते थे और उन दो में से एक मेरा सामान ख़रीद लेता था और इस तरह मैं 45 डॉलर कमा लेता था। इस तरह मैं जिन पांच लोगों को फोन करता था, उनसे मुझे अंततः 45 डॉलर का कमीशन मिल जाता था, जो एक तरह से 9 डॉलर प्रति फोन था। इसका मतलब यह था कि फोन पर हुई हर 'हाँ' का अर्थ 15 डॉलर था चाहे वे मेरा सामान ख़रीदें या न ख़रीदें, चाहे वे मुझसे मिलें या न मिलें। और इस बात से भी कोई फ़र्क़ नहीं पड़ता था कि वे मुझसे क्या कहते थे। वाह! यह कल्पना से परे था।

मैंने एक बड़ी सी तख्ती बनायी जिस पर **$ 9** लिखकर मैंने उसे अपने टेलीफोन के पास रख लिया। हर उस आदमी से, जो मेरे फोन का जवाब देता था, मुझे 9 डॉलर मिलते थे। हर उस आदमी से जो मुझसे मिलने के लिये 'हाँ' कहता था, मुझे 15 डॉलर मिलते थे। इसका अर्थ यह था कि मैं अपनी तक़दीर खुद बना रहा था। ऐसे बहुत से सेल्समेन थे जिन्हें अगर संभावित ग्राहक 'न' कह देता था तो वे निराश हो जाते थे। पर मैं उनमें से नहीं था। इसलिए मैं जल्दी ही अपनी कंपनी का नंबर वन सेल्समैन बन गया।

5 : 3 : 2 : 1 के मेरे औसत का आर्थिक अनुवादः

फोन कॉल	**$**	**9.00**
अपाइंटमेंट	**$**	**15.00**
प्रस्तुति	**$**	**22.50**
बिक्री	**$**	**45.00**

मैंने उन लोगों की खोज कभी नहीं की, जो मुझसे सामान ख़रीदें।

मेरा प्रमुख लक्ष्य तो केवल संभावित ग्राहकों को फोन करते रहना था। यही सफलता की कुंजी है। नये वितरकों की खोज में मत जाइये, बल्कि उन संभावित ग्राहकों को खोजिये जो आपकी प्रस्तुति को सुनना चाहें। औसत का नियम आपके लिये बाक़ी का काम करेगा।

बड़ी सफलता कैसे पायें ?

बीस साल की उम्र में मैं सेल्समैन के रूप में बीमा कंपनी व्यवसाय में आया। 21 साल की उम्र में मैं सबसे कम उम्र का व्यक्ति था जिसने अपने पहले साल में ही दस लाख डॉलर से ज़्यादा का बीमा बेचा था और जिसे मिलियन डॉलर राउंड टेबल में शामिल किया गया था। मेरे औसत थेः

$$10:5:4:3:1$$

मेरे फोन का जवाब देने वाले हर 10 संभावित व्यक्तियों में से 5 मिलने के लिये तैयार हो जाते थे। उनमें से एक मिलना कैंसल कर देता था और मैं सिर्फ़ चार से ही मिल पाता था। इन चार में से सिर्फ़ तीन लोग ही पूरी तरह से मेरी प्रस्तुति सुनते थे और इनमें से भी एक ही मेरा सामान ख़रीदता था और इस तरह मैं 300 डॉलर कमा लेता था। मेरी पूरा ध्यान इस बात पर रहता था कि पाँच लोग मुझसे मिलने के लिये 'हाँ' कह दें। मेरा ध्यान उन संभावित ग्राहकों पर केंद्रित नहीं था जो मुलाक़ात के लिये आये ही नहीं या जिन्होंने मेरी प्रस्तुति सुनी ही नहीं या उन दो लोगों पर जिन्होंने मुझसे कुछ ख़रीदा ही नहीं। ये घटनायें तो ख़रीदार को ढूँढने का सिर्फ़ एक ज़रूरी हिस्सा थीं। वास्तव में, अगर कोई संभावित ग्राहक मिलने के लिये नहीं आता था तो मुझे ख़ास बुरा नहीं लगता था क्योंकि मेरी योजना के अनुसार मैं यह पहले ही मान चुका था कि एक आदमी मिलने के लिये नहीं आयेगा। जब भी ऐसा होता था तो भी मैं प्रति व्यक्ति 60 डॉलर तो कमा ही लेता था।

आप अंकों के व्यवसाय में हैं।

मैं जानता था कि अगर 10 लोग फोन का जवाब देते हैं, तो उनमें से 5 मुझसे मिलने के लिये तैयार हो जायेंगे और अंततः मुझे 300 डॉलर का कमीशन मिलेगा। इस तरह हर उस संभावित ग्राहक से जो मेरे फोन का जवाब देता था मुझे 30 डॉलर मिलते थे।

10 : 5 : 4 : 3 : 1 के मेरे औसत का आर्थिक अनुवादः

फोन कॉल	**$**	**30**
अपाइंटमेंट	**$**	**60**
प्रस्तुति	**$**	**75**
पूर्ण प्रस्तुति	**$**	**100**
बिक्री	**$**	**300**

21 साल की उम्र में मेरे पास ख़ुद का घर था, नये मॉडल की मर्सिडीज-बेंज कार थी और मैं बड़ी शान से रहता था। सवाल सिर्फ़ इतना था कि मैं फोन पर किस तरह पाँच लोगों से अपाइंटमेंट के लिये 'हाँ' करवाता हूँ।

नियम # 5 अपना औसत सुधारिये

बीमा व्यवसाय में मैं जानता था कि हर बार जब मैं फोन घुमाता था और किसी से बात करता था- मुझे तीस डॉलर मिलेंगे। फिर भी दस टेलीफोन कॉल के बदले पाँच अपांइटमेंट का मेरा अनुपात मेरी राय में ख़ास अच्छा नहीं था क्योंकि इसका मतलब था कि मैं अपने बहुत सारे संभावित ग्राहकों को गंवा रहा था। मुझे ज़रूरत थी अपांइटमेंट हासिल करने की एक ऐसी पद्धति की जो हर 10 कॉल में मुझे कम से कम 8 अपांइटमेंट दिला सके। इसका मतलब था कि मुझे संभावित ग्राहकों की तलाश में उतनी कड़ी मेहनत नहीं करनी पड़ेगी क्योंकि मैंने उन्हें फोन पर इतनी जल्दी-जल्दी नहीं गंवा दिया है। मुलाक़ात-से-प्रस्तुति के मेरे 5 : 4 के अनुपात का यह मतलब निकलता था कि मेरे संभावित ख़रीददारों में

से 20 प्रतिशत मुझसे नहीं मिल रहे हैं। मैं इस कमी को ज़्यादा अच्छे संभावित ग्राहकों को फोन करके दूर कर सकता था। इसी तरह प्रस्तुति-से-पूर्ण प्रस्तुति के मेरे औसत 3 : 1 में भी सुधार की गुंजाइ्श थी। परंतु मैं फिर भी जानता था कि अगर मैंने कुछ भी नहीं बदला तो भी मैं हर बार फोन घुमाने पर 30 डॉलर कमा ही लूँगा।

औसत का नियम आपके लिये हमेशा काम करेगा।

अनुपात का ध्यान रखने से आप पूरे सचेत रहते हैं क्योंकि अनुपात आपको बताता है कि आपमें सुधार की गुंजाइश कहाँ है और आप कितने सफल हो सकते हैं। अनुपात आपको उन कार्यों पर ध्यान देने के लिये प्रेरित करता है जिनसे परिणाम मिलते हैं, न कि इस बात पर कि आगे क्या होता है।

नेटवर्किंग व्यवसाय में औसत

मैं नेटवर्क मार्केटर्स को सत्तर के दशक से प्रशिक्षण दे रहा हूँ और मैंने उन लोगों और संगठनों के परिणाम इकट्ठे किये हैं जो सफलता के शिखर पर हैं।

नेटवर्क मार्केटिंग का सामान्य औसत है:

10 : 6 : 3 : 1

अगर दस संभावित ग्राहक आपकी प्रस्तुति को सुनते हैं तो उनमें से 6 इसे लेकर रोमांचित हो जाते हैं और कहते हैं कि वे इस बिज़नेस को शुरू करना चाहते हैं। इनमें से आधे ही वास्तव में बिज़नेस शुरू करते हैं और इन तीन में से सिर्फ़ एक ही सफल हो पाता है, दूसरा गुमनामी में खो जाता है और तीसरा सिर्फ़ कंपनी के सामान ख़रीदता रहता है। तो इस तरह दस लोगों में से सिर्फ़ एक ही व्यक्ति दीर्घकालीन वितरक बन पाता है।

अब बड़े सवाल परः

बिज़नेस के बारे में 10 लोगों से बात करने में आपको कितना समय लगता है ?

इस सवाल का जवाब आपकी विकास दर तय करेगा। जीवन बीमा व्यवसाय में हर एक ने दस लाख का बीमा बेचा है – फ़र्क सिर्फ़ इतना है कि कुछ लोगों ने इसमें औरों से ज़्यादा समय लगाया है। कुछ ने 3 से 5 सालों में ऐसा किया और कुछ ने एक साल के भीतर– और यहीं पर पुरस्कार और इनाम का रहस्य छुपा है। मैं लोगों से मिलने के बारे में इतना सुनियोजित था कि मैं हर बारह हफ्तों में दस लाख का बीमा बेच लेता था। इस तरह यह योजना बनाने की समस्या थी – बेचने की समस्या नहीं थी। नेटवर्क मार्केटिंग में भी ऐसा ही होता है। अगर ज़्यादातर नेटवर्क मार्केटर्स सफलता की ऊँचाई पर नहीं पहुँच पाते हैं तो ऐसा उन संभावित ग्राहकों के कारण होता है जिनसे वे मिल नहीं पाते। अगर आप तत्काल अपने परिणामों को दुगुना करना चाहते हैं तो उसका सीधा सा जवाब है–

अगले साल के संभावित ग्राहकों से इसी साल मिलिये।

अगले साल आप अपने बिज़नेस के सिलसिले में नये संभावित ग्राहकों से मिलेंगे, है ना ? तो फिर उनसे थोड़ा जल्दी मिल लीजिये। उनसे इसी साल मिल लीजिये– जाइये और उनसे अभी मिलिये। आपके सामने बेचने की समस्या है ही नहीं। सफलता की कुंजी यह है कि आप ज़्यादा नियोजित और प्रेरित हों ताकि आप जितने ज़्यादा लोगों से मिल सकते हों, मिल लें। हर आदमी से जितनी जल्दी संभव हो मिल लें। नेटवर्किंग में बड़ी सफलता हासिल करने की सही कुंजी लोगों को तैयार करना नहीं है बल्कि इतना ज़्यादा सुनियोजित और अनुशासित बनना है कि आप ज़्यादा से ज़्यादा लोगों से मिल सकें – और जल्दी से जल्दी मिल सकें। औसत सुधारना तो सिर्फ़ सीखने की एक प्रक्रिया है।

खण्ड दो

किस तरह 'हाँ' तक पहुँचें

चार कुंजियों की तकनीक

जब आप अपने बिज़नेस के बारे बात करते हैं तो क्या आपके संभावित ग्राहक आप पर भरोसा करते हैं ?

इसका छोटा सा उत्तर है 'नहीं'। वे आपसे आशा करते हैं कि आप सौदा पक्का करने के लिये उन्हें तैयार करने की कोशिश करेंगे। वे इस बात का इंतज़ार करते हैं कि आप उन्हें अपना सामान बेचने की कोशिश करेंगे और इसलिये इस बात की संभावना अधिक है कि वे रक्षात्मक मुद्रा में होंगे - भले ही आप उन्हें कितनी ही अच्छी तरह से क्यों न जानते हों। आपके सामने यह समस्या आती है -

संभावित ग्राहक आपकी हर बात पर आपत्ति उठायेंगे।

इसलिये नहीं कि आपने जो कहा है वह तर्कसंगत नहीं है, बल्कि इसलिये कि ऐसा आप कहते हैं। अगर आप कुछ कहते हैं तो वह आपका विचार है, उनका नहीं, इसलिये संभावित ग्राहक ऐसा महसूस करते हैं कि आपत्तियाँ उठाना जायज है। दूसरी ओर

**आपके संभावित ग्राहक आपको जो बताते हैं
वह सब सही होता है।**

ऐसा इसलिये क्योंकि अगर वे कुछ कहते हैं तो यह उनका विचार है, आपका नहीं। यही विचार को स्वीकार्य बनाता है और वे उसके बारे में आपत्तियाँ उठाने की ज़रूरत महसूस नहीं करते।

जो तकनीक आप खोजने वाले हैं वह आपको इस क़ाबिल बना देगी कि आपके संभावित ग्राहक आपको यह ख़ुद बतायेंगे कि वे वास्तव में क्या चाहते हैं। आपको सिर्फ़ उनकी बातें सुनना हैं।

जब आप किसी संभावित ग्राहक से कहते हैं, 'आप एक ऐसी जीवनशैली अपना सकेंगे जो आपको हर मनचाही चीज़ देगी।' तो उसका

जवाब हो सकता है, 'पर मैं तो अपनी वर्तमान जीवनशैली से ही ख़ुश हूँ'। हो सकता है कि यह आपत्ति बिलकुल भी सही न हो। हो सकता है उसने यह आपत्ति सिर्फ़ इसलिये उठायी हो क्योंकि आपने ऐसा कहा था।

लेकिन अगर आपका संभावित ग्राहक ठीक यही बात आपसे कहता है, तो वह सही होगा। उदाहरण के तौर पर अगर आपका संभावित ग्राहक कहता है, 'मैं चाहता हूँ कि मेरी जीवनशैली में सुधार हो और मुझे ज़िंदगी की सारी अच्छी चीज़ें मिलें' तो कोई आपत्ति नहीं उठायी जायेगी क्योंकि उसी ने ऐसा कहा था। यह उसका विचार था, आपका नहीं।

> जब आप चार कुंजियों की तकनीक का प्रयोग करते हैं तो आपके संभावित ग्राहक आपको बतायेंगे कि वे क्या चाहते हैं, जबकि आप सिर्फ़ उनकी बात सुनेंगे।

लोग आपत्ति क्यों करते हैं ?

एक बार मैंने एक नेटवर्क कार्यकर्ता से पूछा कि हाल की प्रस्तुति में एक संभावित ग्राहक के साथ मुलाक़ात का क्या नतीजा निकला। उसका जवाब था, 'ख़ास अच्छा नहीं - वह ज़्यादा रुचि नहीं ले रही थी।' मैंने उससे पूछा कि उसका मतलब क्या था और उसने वही बात दोहरा दी, 'मैं ठीक-ठीक तो नहीं जानता - पर उसने ज़रा भी रुचि नहीं ली।'

> संभावित ग्राहक कभी नीरस नहीं होते,
> केवल प्रस्तुतियाँ नीरस होती हैं।

उसका असली मतलब यह था कि वह, नेटवर्क कार्यकर्ता, रुचि नहीं ले रहा था : वह ख़ुद भी नीरस था और उसकी प्रस्तुति भी।

जब आप रुचि लेते हैं तो आपके संभावित ग्राहक भी आपकी बातों में और आपमें रुचि लेते हैं।

नेटवर्क मार्केटिंग के ख़ज़ाने की चार कुंजियाँ

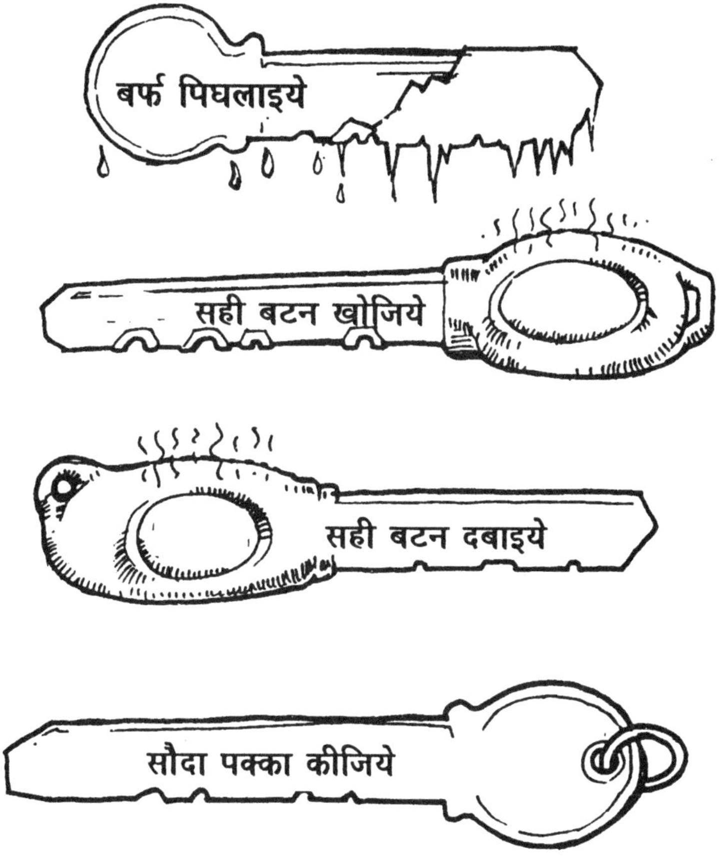

बर्फ पिघलाइये
सही बटन खोजिये
सही बटन दबाइये
सौदा पक्का कीजिये

इन चार कुंजियों की मदद से आप बहुत ही कम समय में ठंडी शुरूआत से गर्म 'हाँ' तक पहुँच सकते हैं।

1.

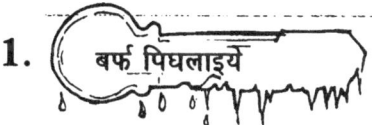

बर्फ पिघलाइये

इस शुरूआती कुंजी का उद्देश्य है संभावित ग्राहक के साथ तालमेल

बनाना। यहाँ पर आप उन्हें अपने बारे में बताते हैं और उनके बारे में जानकारी लेते हैं। इस कुंजी का लक्ष्य विशुद्ध रूप से अपनी योजना को बेचना है। अगर कोई आदमी आपको पसंद करता है तो इस बात की काफ़ी संभावना है कि वह आपकी योजना को भी पसंद करेगा। अगर कोई आदमी आपको पसंद नहीं करता है या उसे आप पर भरोसा नहीं है तो उसे योजना दिखाने से ज़्यादा लाभ की उम्मीद नहीं रखनी चाहिये।

सवाल यह उठता है कि आप इस स्थिति में कब तक रहें ?

> **जब तक कि आप अपना विश्वास न जमा लें और अपने व्यक्तित्व को बेच न लें।**

जब आप विश्वास जमा लेते हैं, तो सामने वाला आपकी बातों को अच्छी तरह से सुनेगा। यही तो आप चाहते हैं। कुछ संभावित ग्राहकों के साथ इस स्थिति में आपको सिर्फ़ तीन से चार मिनट का समय लगेगा जबकि कई लोगों के साथ इसमें आपको तीस से चालीस मिनट तक लग सकते हैं।

2. सही बटन खोजिये

इस स्थिति में क्या होगा, यह आपको पूरी तरह से तय करना होगा। हो सकता है आपके संभावित ग्राहक भावनात्मक रूप से खिन्न हों, हो सकता है वे रोमांचित या दु:खी या चिंतित हो जायें या उससे भी बढ़कर गुस्सा भी हो जायें। परंतु यह ध्यान रखें कि उनका गुस्सा आप पर नहीं होगा, बल्कि अपने आप पर होगा। प्रस्तुति के इस भाग में आत्मसंतुष्टि के लिये ज़रा भी जगह नहीं है। जब लोग अपने लक्ष्य या महत्वाकांक्षा के बारे में आत्मसंतुष्ट हो जाते हैं, तो वे अपने काम करने की शैली के बारे में भी आत्मसंतुष्ट हो जाते हैं। आपके नेटवर्क में आपको ऐसे आत्मसंतुष्ट व्यक्तियों की ज़रूरत नहीं है। जो लोग प्रबल भावनात्मक कारणों से शामिल होना चाहते हैं वे अच्छा काम करने के लिये उतने ही ज़्यादा प्रेरित

हो सकेंगे। इस स्थिति में आप यह जान सकेंगे कि किस तरह व्यक्ति का **प्राथमिक प्रेरणा घटक (Primary Motivating Factor)** या **पी.एम. एफ.** खोजा जाये।

पी.एम.एफ. ही वह कारण है जिसके कारण वे आपके बिज़नेस में शामिल होना चाहेंगेः

हर आदमी दो में से किसी एक कारण से प्रेरित होता हैः
लाभ प्राप्त करने के लिये या कष्ट से बचने के लिये

इस कुंजी के द्वारा आप यह जान सकेंगे कि उनके प्राथमिक प्रेरणा घटक को किस तरह सामने लाया जाये और यह जानने के बाद किस तरह से उन्हें अपनी योजना में शामिल होने के लिये प्रेरित किया जाये। यहाँ पर संभावित ग्राहक आपको बताते हैं कि वे क्या लाभ प्राप्त करना चाहते हैं और किन कष्टों से बचना चाहते हैं। चारों कुंजियों में से यह सबसे ज़्यादा महत्वपूर्ण कुंजी है क्योंकि यहाँ पर आपके संभावित ग्राहक अपनी आशायें, सपने और डर को शब्दों में प्रकट करते हैं।

लोग क्यों ख़रीदते हैं ?

हमारे शोध के अनुसार नेटवर्क मार्केटिंग संगठन में शामिल होने वाले ज़्यादातर लोगों के प्राथमिक प्रेरणा घटक निम्नलिखित हैं:

- अतिरिक्त आमदनी
- आर्थिक स्वतंत्रता
- ख़ुद का बिज़नेस
- ज़्यादा खाली समय
- व्यक्तिगत विकास
- दूसरों की मदद करना
- नये लोगों से मेल-जोल
- रिटायरमेंट
- जायदाद छोड़ना

जब आप इस सूची का अध्ययन करते हैं तो आप पाते हैं कि इन सूचीबद्ध कारणों में से एक कारण आपका भी प्राथमिक कारण है जिसकी वजह से आप नेटवर्क मार्केटिंग बिज़नेस में हैं। कई और सहायक कारण भी हो सकते हैं, पर कोई एक कारण बाकी कारणों से ज़्यादा प्रबल ज़रूर होगा। यही आपका प्राथमिक प्रेरणा घटक है।

चूँकि प्राथमिक प्रेरणा घटक सबसे ज़्यादा महत्वपूर्ण होता है इसलिये यह समझ लेना अनिवार्य है कि –

नेटवर्क मार्केटिंग में शामिल होने वाले हर आदमी का प्राथमिक प्रेरणा घटक वही नहीं होता, जो कि आपका है।

उदाहरण के तौर पर आपको चॉकलेट आइसक्रीम पसंद हो सकती है। पर इसका यह अर्थ नहीं होता कि यह आइसक्रीम हर एक को पसंद होगी। कई लोग स्ट्रॉबेरी या कैरेमल को ज़्यादा पसंद करते होंगे। पर अगर आप चॉकलेट आइसक्रीम पसंद करते हैं तो आपके लिये इसके बारे में बातें करना न सिर्फ़ आसान होगा बल्कि आप इसे दूसरे लोगों के साथ बांटना भी चाहेंगे और आपके लिये यह समझना बहुत कठिन होगा कि इसे हर व्यक्ति पसंद क्यों नहीं करता। ज़्यादातर लोग चॉकलेट आइसक्रीम पसंद करते हैं, पर इसी कारण से यह हर एक की पहली पसंद नहीं हो जाती। कई लोगों को तो इससे एलर्जी भी होती है।

नीचे लिखी हुई कहानियाँ असली ज़िंदगी की कहानियाँ हैं जो आपको प्राथमिक प्रेरणा घटक की शक्ति से अवगत करायेंगी।

रॉन क्यों शामिल नहीं हुआ ?

अल्बर्ट एक वितरक था। वह नेटवर्क मार्केटिंग में इसलिये आया था क्योंकि उसे आर्थिक स्वतंत्रता चाहिये थी। वह अपना मालिक ख़ुद बनना चाहता था और अपनी ख़ुद की आमदनी तय करना चाहता था। वह अपनी इच्छा के अनुसार ऑफिस आने-जाने की आज़ादी चाहता था,

अपने बच्चों को सबसे अच्छे स्कूलों में भेजना चाहता था, हॉलिडे होम बनाना चाहता था इत्यादि। आर्थिक स्वतंत्रता उसका प्राथमिक प्रेरणा घटक था क्योंकि इसी के द्वारा उसे बाकी सारी चीज़ें मिल सकती थीं। अपने लक्ष्यों के प्रति उसका पूर्ण भावनात्मक जुड़ाव था और वह उनके बारे में उत्साह से लगातार बातें कर सकता था।

फंड जुटाने के स्थानीय कार्यक्रम के दौरान वह रॉन नामक संभावित ग्राहक से मिला और उसने उसे अपना बिज़नेस देखने के लिये आमंत्रित किया। अल्बर्ट ने रॉन को पूरे उत्साह से अपनी योजना समझाई। रॉन काफ़ी प्रभावित भी हुआ। उसने कहा कि वह शामिल होना चाहेगा।

वास्तव में अल्बर्ट ने रॉन को फिर कभी नहीं देखा और वह पशोपेश में था कि आख़िर उससे चूक या गलती कहाँ हुई थी ? रॉन क्यों शामिल नहीं हुआ था ? समस्या यह थी कि दरअसल रॉन का प्राथमिक प्रेरणा घटक आर्थिक स्वतंत्रता था ही नहीं। उसमें अमीर बनने, बड़े घर में रहने और बढ़िया कार का मालिक बनने की महत्वाकांक्षा नहीं थी। वह अपनी माँ से मिले अपने छोटे-से घर में ही ख़ुश था। उसे सड़क के ट्रैफिक में फँसने के बजाय ट्रेन पकड़ना और उसमें अख़बार पढ़ना ज़्यादा पसंद था। रॉन ने महसूस किया कि आर्थिक स्वतंत्रता ठीक थी, पर इससे उसे सौदा पक्का करने के लिये पर्याप्त प्रेरणा नहीं मिल पा रही थी।

रॉन की असली प्रेरणा यह थी कि उसे नये लोगों से मिलने के मौक़े मिलेंगे, नई कलायें सीखने को मिलेंगी और वह समाज के लिये अपना योगदान दे सकेगा– इसी कारण तो वह फण्ड इकट्ठा करने की योजना में शामिल हुआ था। पर उसे इन मुद्दों के बारे में बताने का मौक़ा ही नहीं मिला, क्योंकि अल्बर्ट आर्थिक स्वतंत्रता को उसके गले के नीचे उतारना चाहता था। निश्चित रूप से रॉन पर अल्बर्ट की उत्साही प्रस्तुति का असर हुआ था, परंतु अगले दिन जब सूरज निकला तो उसकी प्रतिक्रिया भी ठंडी हो गई। कुछ ही दिनों में रॉन अल्बर्ट की उत्साहपूर्ण प्रस्तुति के बारे में पूरी तरह से भूल चुका था। अल्बर्ट यह नहीं जान सका था कि दूसरों की मदद करना रॉन का प्राथमिक प्रेरणा घटक है।

जेन का ग़लत फैसला

जेन की उम्र चौंतीस वर्ष थी और वह अपने दो बच्चों के साथ अकेली रहती थी। वह दो सालों से नेटवर्क मार्केटिंग में थी। डेविड से उसकी पहचान एक डिनर पार्टी में हुई। डेविड ने उसकी नेटवर्किंग गतिविधियों में रुचि ली और इसके बारे में ज़्यादा जानकारी चाही। जेन का ख़ुद का प्राथमिक प्रेरणा घटक था अपने लिये ज़्यादा खाली समय जुटाना, ताकि वह अपने दोनों बच्चों को ठीक से पाल सके और शिक्षित कर सके पर वह जानती थी कि यह हर एक की पहली प्राथमिकता नहीं हो सकती।

डेविड की उम्र पचास और साठ के बीच थी। उसका ख़ुद का कॉन्ट्रेक्ट क्लीनर का काम था। इसलिये जेन ने अनुमान लगाया कि उसकी प्राथमिकताओं की सूची में रिटायरमेंट का स्थान पहले नंबर पर होगा। जब वह बिज़नेस के बारे में बता रही थी तो उसकी चर्चा के केंद्र में यह बात मौजूद थी कि इससे लोगों को आरामदेह रिटायरमेंट के पूरे फ़ायदे मिल सकेंगे।

शाम खत्म होने पर वह हैरान रह गई जब डेविड ने उसे बताया कि वह कभी रिटायर नहीं होना चाहता- वह रिटायरमेंट को शीघ्र मृत्यु मानता था। जेन ने यह ग़लत अनुमान लगा लिया था कि रिटायरमेंट डेविड का प्राथमिक प्रेरणा घटक है। इसका नतीजा यह निकला कि डेविड उसके साथ शामिल होने के लिये प्रेरित नहीं हो पाया।

अनुमान मत लगाइये।
यह हम दोनों में से एक को मूर्ख बना सकता है।

जब आप सामने वाले आदमी के प्राथमिक प्रेरणा घटक के बारे में अनुमान लगाते हैं तो आपके ग़लत होने की काफ़ी संभावना होती है। अगर आपका अनुमान सही भी हो, तो भी यह आपका विचार नज़र आयेगा न कि आपके संभावित ग्राहक का। और इस तरह इसका प्रभाव और प्रेरणादायी शक्ति उतने नहीं होंगे जितने कि अपेक्षित हैं।

प्राथमिक प्रेरणा घटक को किस तरह खोजें ?

प्राथमिक प्रेरणा घटकों की सूची आप अपने साथ हमेशा लिखित रूप में रखें। यह सूची आपके बिज़नेस कार्ड के पीछे हो सकती है या तैयार किये गये दृश्य-साधन के रूप में या एक छोटे कार्ड के रूप में हो सकती है। यहाँ पर सूची दुबारा बताई जा रही है।

- *अतिरिक्त आमदनी*
- *आर्थिक स्वतंत्रता*
- *ख़ुद का व्यवसाय*
- *ज़्यादा खाली समय*
- *व्यक्तिगत विकास*
- *दूसरों की मदद करना*
- *नये लोगों से मेल-जोल*
- *रिटायरमेंट*
- *जायदाद छोड़ना*

अपनी सूची दिखाने का सीधा सा तरीका है - अपने संभावित ग्राहक से यह सवाल करें,

'क्या आप जानते हैं कि लोग नेटवर्किंग बिज़नेस क्यों शुरू करना चाहते हैं ?'

इस सीधे से सवाल में यह ख़ूबी छुपी हुई है कि अगर सामने वाला जवाब में 'नहीं' कहता है तो आपको यह कहने की छूट मिल जाती है,

'लीजिये मैं आपको बता देता हूँ'।

इस बिंदु पर आप अपनी सूची उसके सामने रख दीजिये।

अगर आपका संभावित ग्राहक आपके सवाल के जवाब में 'हाँ' कहता है तो आप उससे पूछिये,

'तो बताइये कि लोग इस बिज़नेस में क्यों शामिल होते हैं ?'

इस पर आपका संभावित ग्राहक आपको कुछ असली और कुछ अधपके कारण गिना देगा जिनकी वजह से लोग नेटवर्क मार्केटिंग बिज़नेस चालू करना चाहते हैं। जब उसके पास के कारण समाप्त हो जायें तो आप पूछिये, 'और कुछ?'। वह जवाब देगा, 'नहीं'। इस पर आप यह कहिये,

'लीजिये मैं आपको बता देता हूँ'

और फिर तत्काल उसके सामने प्राथमिक प्रेरणा घटकों की अपनी सूची रख दीजिये।

इसके बाद **पाँच ठोस सोने के सवाल** पूछिये।

यह पाँच सवाल आपके द्वारा पूछे जाने वाले सवालों में सबसे ज़्यादा कीमती सवाल होंगे। ये जल्दी ही आपको नेटवर्क मार्केटिंग की चोटी तक तेज़ी से पहुँचा देंगे (यदि यह आपका प्राथमिक प्रेरणा घटक हो)। इन सवालों को रट लीजिये और इन्हें अपना हिस्सा बना लीजिये। इनके क्रम को बदलने की गलती न करें। यह वचन आप पहले ही दे चुके हैं कि आप मेरी हर बात मानेंगे।

यह रहे आपके पाँच ठोस सोने के सवाल :

1. आपकी पहली प्राथमिकता क्या है?
2. आपने इसी को क्यों चुना?
3. यह आपके लिये महत्वपूर्ण क्यों है?
4. यदि आपको यह अवसर न मिले, तो उसके क्या परिणाम होंगे?
5. इन परिणामों से आप चिंतित क्यों होते हैं?

इन सवालों को रट लीजिये, शब्दशः। जब आप इन्हें पूछें तो इधर-उधर न भटकें। यह बहुत महत्वपूर्ण है कि यह सवाल इसी क्रम में पूछे जायें।

नये संभावित ग्राहक से बात करते समय कुछ नेटवर्कर्स 'उत्सुकता की शैली' का प्रयोग करना चाहते हैं, जबकि कुछ 'सीधी शैली' का प्रयोग करते हैं।

नीचे दिये गये उदाहरणों में प्रयुक्त शैली अधिक सीधी है क्योंकि इसे प्रस्तुत करना अधिक आसान है। यह चर्चायें वास्तविक साक्षात्कार पर आधारित हैं।

एंगी मिली रे और रूथ से

रे और रूथ लगभग पच्चीस वर्षीय युगल थे जो हाल ही में अपने नये घर में रहने आये थे। उनका मकान एंगी के मकान से दस कदम की दूरी पर था। पड़ोसियों की सामान्य चर्चा के दौरान एंगी ने उन्हें बताया कि वह मार्केटिंग बिज़नेस से जुड़ी है और उन्हें बताना चाहती है कि यह बिज़नेस किस तरह से काम करता है।

इस पर रूथ ने कहा कि उसे नहीं लगता कि इस बिज़नेस में उन लोगों की कोई दिलचस्पी होगी क्योंकि उनके पास ख़ाली समय बचता ही नहीं है। रे दो जगह काम कर रहा था और रात को रूथ को नये घर में सामान व्यवस्थित करना पड़ता था।

एंगी ने कहा कि ऐसा उन ज़्यादातर लोगों के साथ होता है, जो दो जगह नौकरी करते हैं और जो घर बदलकर नये घर में रहने आते हैं। फिर भी, वह उन्हें अपना बिज़नेस दिखाना चाहेगी क्योंकि शायद वे इसमें भविष्य में रुचि लें। एंगी ने उन्हें अपने घर कॉफी पीने के लिये आमंत्रित किया। 'क्या शनिवार दोपहर चार बजे ठीक रहेगा' उसने पूछा। रे और रूथ तैयार हो गये। वे दोनों चार बजे पहुँच गये और कॉफी पीने के बाद एंगी ने उन्हें बताना शुरू किया कि नेटवर्किंग बिज़नेस क्या होता है ? रे और रूथ ने एंगी को बताया कि उन्होंने नेटवर्किंग के बारे में सुन रखा था और वे ऐसे लोगों को जानते हैं जिन्होंने इस बिज़नेस में कोशिशें की थीं और जो बाद में असफल हो गये थे। उनकी नज़र में यह किसी साबुन से संबंधित था। इतना कह चुकने के बाद उन्होंने पूछा, 'क्या यह एमवे की तरह है ?' इस पर एंगी ने चर्चा की बागडोर थाम ली –

एंगी : क्या आप जानते हैं कि लोग नेटवर्किंग बिज़नेस क्यों शुरू करते हैं?

रे : यह पिरामिड बेचने की तरह है, नहीं क्या?

एंगी : लीजिये मैं आपको बता देती हूँ।

एंगी : (सहजता से अपना **पी एम एफ** कार्ड बताते हुए) यह वे मुख्य कारण हैं जिनकी वजह से लोग नेटवर्क मार्केटिंग में शामिल होते हैं। **आपकी पहली प्राथमिकता क्या होगी?**

रे : आह, हूँ…. हमारे लिये तो यह आर्थिक स्वतंत्रता ही होना चाहिये।

रूथ : (दृढ़ता से) निश्चित रूप से यही हमारी पहली प्राथमिकता है।

एंगी : **आपने इसी को क्यों चुना?**

रे : क्योंकि घर के लोन को चुकाने के लिये मुझे दो जगह काम करना पड़ता है और रूथ भी ओवरटाइम करती है ताकि जब हमारा परिवार बढ़े, तो हमारे पास एक सहारा हो जो हमारे काम आ सके। हम चाहते हैं कि हमारे बच्चों को अच्छी शिक्षा मिल सके। हम पैसे के लिये हमेशा दौड़धूप नहीं करना चाहते।

एंगी : **यह आपके लिये क्यों महत्वपूर्ण है?**

रे : जैसा मैंने कहा हम अपने घर के पूरे पैसे चुकाना चाहते हैं और यह भी चाहते हैं कि हमारे बच्चों को अच्छी शिक्षा मिले। रूथ और मुझे कभी यह सब नहीं मिला। हमें ऐसे अवसर मिले ही नहीं।

रूथ : (बातचीत का सिरा थामते हुए) सही बात है। मेरे माँ-बाप हमेशा घर चलाने के लिये पैसों की खींचतान करते रहे। हम नहीं चाहते कि हमारी ज़िंदगी भी उनकी ही तरह गुज़रे।

एंगी : **यदि आपको आर्थिक स्वतंत्रता नहीं मिलती है तो उसके क्या परिणाम होंगे?**

रे : हम उसी नाव में होंगे जिसमें हमारे माँ-बाप थे। इसका अर्थ होगा

किस तरह 'हाँ' तक पहुँचें ✸ 27

कठोर बजट बनाना तथा आमदनी कम, और ख़र्च ज़्यादा.... और पूरी ज़िंदगी यही चलता रहेगा।

रूथ : अपने बच्चों को अच्छी शिक्षा दिलाने में काफ़ी ख़र्च होता है। बिना अतिरिक्त आमदनी के हम उन्हें ज़िंदगी में अच्छी शुरूआत नहीं दे सकेंगे।

एंगी : **इन परिणामों से आप चिंतित क्यों होते हैं?**

रे : (तनावपूर्ण स्वर में) जैसा हमने कहा, अगर हम आर्थिक स्वतंत्रता हासिल करने की कोशिश नहीं करेंगे तो हम हमेशा संघर्ष ही करते रहेंगे और ऐसा कौन चाहता है?

रूथ : साथ ही हमें रिटायर होने की योजना भी बनानी है, इसीलिये हम अभी इतनी कड़ी मेहनत कर रहे हैं।

विश्लेषण :

इस वार्तालाप में ऐसा कुछ भी नहीं कहा गया था जो इसी तरह के सामान्य युगल द्वारा न कहा जाये। फ़र्क़ सिर्फ़ इतना था कि इस चर्चा में एंगी ने पाँच ठोस सोने के सवालों का प्रयोग किया और रूथ तथा रे ने अपने प्राथमिक प्रेरणा घटक उजागर किये। अगर एंगी को किस्मत से यह पता भी होता कि उनका प्राथमिक प्रेरणा घटक आर्थिक स्वतंत्रता है तो भी रे और रूथ की निगाह में यह विचार एंगी का होता, उनका नहीं। अगर एंगी ने उनसे आर्थिक स्वतंत्रता के बारे में बात की होती तो रूथ और रे ने शायद आपत्तियाँ उठाई होतीं क्योंकि यह एंगी का विचार होता। पर चूँकि यह विचार उन्हीं का था और ऐसा उन्होंने खुद कहा था इसलिये यह हक़ीक़त थी - इस बारे में कोई आपत्ति हो ही नहीं सकती थी।

इन पाँच सवालों पर विचार करें :

1. आपकी पहली प्राथमिकता क्या है?

असली सवाल यह था, 'आप आज मेरे नेटवर्क मार्केटिंग बिज़नेस में क्यों शामिल होना चाहते हैं?' रे ने कहा कि उनका प्राथमिक प्रेरणा घटक आर्थिक स्वतंत्रता था। इसलिये वे दोनों शामिल होंगे।

2. आपने इसी को क्यों चुना ?

यह सवाल दरअसल यह पूछता है, 'आप इस कारण से क्यों शामिल होना चाहते हैं ?' उन दोनों ने स्पष्ट किया कि वे अपने घर का लोन चुकाना चाहते हैं, अपने बच्चों को अच्छी शिक्षा देना चाहते हैं और पैसों की तंगी वाला जीवन नहीं जीना चाहते।

3. 'यह आपके लिये महत्वपूर्ण क्यों है ?'

यह सवाल पूछता है, 'मुझे फिर से बताइये- आप इसी कारण से क्यों शामिल होना चाहते हैं ?' रे कहता है, 'जैसा मैंने कहा' और फिर से अपनी बातें दुहराता है और उन कारणों को बताता है जिनके लिये वह बिज़नेस में आना चाहता है। रूथ भी और कई तर्क देती है कि आर्थिक स्वतंत्रता उनके लिये पहले नंबर का कारण क्यों है, जिसके लिये दोनों को इसमें शामिल होना चाहिये। उसके माता-पिता को ख़र्च चलाने में मुश्किल आती थी और वह ऐसी परिस्थितियों में नहीं जीना चाहती थी।

4. यदि आर्थिक स्वतंत्रता नहीं मिली तो उसके परिणाम क्या होंगे ?

यह सवाल दरअसल पूछता है, 'अगर आप शामिल नहीं होते तो आपके साथ क्या होगा ?' अब वे दोनों रोमांचित हो जाते हैं। वे एंगी को बताते हैं कि वे अपने माता-पिता की तरह तंगहाल जीवन नहीं जीना चाहते और वे नहीं चाहते कि उनके बच्चों को सिर्फ़ इसलिये अच्छी शिक्षा नहीं मिल पाये क्योंकि उनके पास पर्याप्त पैसा नहीं था।

5. इन परिणामों से आप चिंतित क्यों होते हैं ?

यह सवाल उनसे अपनी पहली प्राथमिकता को दुहराने का आग्रह करता है। वे दोनों उत्साहित हो जाते हैं। वे बार-बार ज़ोर देकर बताते हैं कि आर्थिक स्वतंत्रता उनके व्यवसाय में शामिल होने का पहला कारण क्यों था।

ध्यान देने वाली बात यह है कि यह सब उन्होंने एंगी को बताया। एंगी ने उन्हें नहीं बताया।

अगर एंगी ने उन्हें यही सब बातें ठीक इसी तरह बताई होतीं तो भी शायद उन्होंने बहानेबाज़ी की होती कि वे नेटवर्क मार्केटिंग बिज़नेस में क्यों शामिल नहीं हो सकते। पर चूँकि उन्होंने खुद एंगी को अपने शामिल होने के कारण बताये थे, इसलिये वे कारण वास्तविक थे।

इस साक्षात्कार के बाद एंगी ने उन्हें बताया कि योजना किस तरह काम करती है और इसके लाभकारी परिणामों का वर्णन करते समय उसने उन्हीं के शब्दों का प्रयोग किया। उसने उन्हें वे फ़ायदे बताये जो उन्हें हासिल हो सकते थे और वे हानियाँ बतायीं जिनसे वे बच सकते थे। रे और रूथ की निगाह में यह उनके सपनों का बिलकुल सही उत्तर था क्योंकि वे अपने ही शब्दों को दूसरे के मुँह से सुन रहे थे, अपने ही लक्ष्य और अपने ही डर जो एक प्रस्तावित व्यावसायिक योजना के रूप में प्रस्तुत किये गये थे। यह सब उनका ही था- एंगी का नहीं।

किस तरह ब्रूनो ने एक सख़्त चने को फोड़ा

ब्रूनो एक इंजीनियर था जो एक एसोसियेशन में दूसरे इंजीनियरों के साथ काम करता था जिनमें जिम भी शामिल था। ब्रूनो ने एक साल पहले नेटवर्क मार्केटिंग बिज़नेस शुरू किया था और उसकी नज़र में यह इंजीनियरिंग के रोज़मर्रा के रूटिन से बाहर निकलने का बढ़िया मौक़ा था। उसे बड़े क्षितिजों की तलाश थी।

ब्रूनो ने जिम से कई बार व्यावसायिक अवसर का ज़िक्र किया था पर हर बार उसे ठंडी प्रतिक्रिया मिली थी। जिम की बहन 'इन योजनाओं में से एक में' शामिल थी और उसने भी जिम को उसमें शामिल करने की कोशिश की थी पर जिम ने कोई रुचि नहीं ली थी क्योंकि वह अपने आपको एक इंजीनियर मानता था, सेल्समैन नहीं और वह 'अपने दोस्तों को परेशान' नहीं करना चाहता था।

एक शाम कॉफी पीते-पीते ब्रूनो ने सहजता से अपना नया बिज़नेस कार्ड निकाला जिसके पीछे प्राथमिक प्रेरणा घटकों की सूची छपी हुई थी। जिम ने कार्ड देखा जिस पर ब्रूनो के नाम के नीचे **'Networking & Distribution'** छपा हुआ था।

ब्रूनो : जिम, क्या तुम जानते हो नेटवर्किंग का क्या मतलब होता है ?

जिम : हाँ, जैसा मैंने बताया था, मेरी बहिन भी इसी बिज़नेस में थी। यह एक तरह की पिरामिड योजना है, नहीं क्या ?

ब्रूनो : लीजिये, मैं आपको बता देता हूँ।

(ब्रूनो ने बिज़नेस कार्ड को पलटाकर प्राथमिक प्रेरणा घटकों की सूची जिम के सामने कर दी)

ब्रूनो : **आपकी पहली प्राथमिकता क्या होगी, जिम ?**

जिम : आह.... मैं सोचता हूँ, अपना ख़ुद का बिज़नेस और दूसरों की मदद करना।

ब्रूनो : **आपने इन्हीं दोनों को क्यों चुना ?**

जिम : मैं बिज़नेस इसलिये शुरू करना चाहूँगा क्योंकि मैं इंजीनियरिंग की चक्की में तक़रीबन बीस साल से पिस रहा हूँ। अगर मैं नेटवर्किंग में शामिल होता हूँ तो इस प्रक्रिया में दूसरों की मदद करना चाहूँगा। मुझे ऐसा करना अच्छा लगता है। इसीलिये तो मैं इस कमेटी के लिये स्वेच्छा से काम कर रहा हूँ।

ब्रूनो : **यह आपके लिये महत्वपूर्ण क्यों है ?**

जिम : जैसा मैंने कहा, भविष्य में भी मुझे उसी पुरानी चक्की में पिसना होगा – आप जानते ही हैं यह किस तरह का काम है, ब्रूनो – मैं इन दिनों अपने रिटायरमेंट के बारे में बहुत ज़्यादा सोच रहा हूँ और यह दुःखद है। मैं कुछ और करना चाहूँगा, पर अड़तीस साल की उम्र में यह एक बहुत बड़ा ख़तरा है जो उठाने में मुझे डर लगता है।

ब्रूनो : **अच्छा, अगर आपका अपना बिज़नेस न हो तो उसके परिणाम क्या होंगे ?**

जिम : (असहज होते हुए) जैसा मैंने कहा, मुझे उसी चक्की में पिसना पड़ेगा, मेरे पास वही पुरानी रूटिन ज़िंदगी होगी। हमारी उम्र के कई लोग इसी तनाव के कारण मर जाते हैं। अगर मेरे पास ज़्यादा समय रहे तो मैं अपने बेटे के स्कूल की अभिभावक

समिति में शामिल होना चाहूँगा, मैं अपनी वर्कशॉप में ज़्यादा समय बिताना चाहूँगा और ख़ुद के फैसले लेना चाहूँगा। मैं अपनी ज़िंदगी को दूसरों के नियंत्रण में देखते-देखते थक चुका हूँ।

ब्रूनो : इससे आप चिंतित क्यों होते हैं ?

जिम : क्योंकि अगर मेरे पास समय होगा तो मैं चीज़ों को दूसरी तरह से करना चाहूँगा। मैं ज़्यादा अच्छी तरह से जीना चाहूँगा और काम कम करना चाहूँगा। जीवनशैली बदलने के लिये मैं ख़ुद के लिये कुछ करना चाहूँगा।

ब्रूनो : नेटवर्किंग बिज़नेस बना ही इस तरह से है कि आपको यहाँ सब चीज़ें एक साथ मिल जाती हैं। यह आपको ज़्यादा समय, ज़्यादा स्वतंत्रता देता है, ख़ुद का बिज़नेस शुरू करने के तथा दूसरों की मदद करने के मौक़े देता है, और वह भी नये कैरियर की शुरूआत के जोखिम के बिना। मैं अब आपको दिखाता हूँ कि इससे मुझे क्या फ़ायदे हुये।

ब्रूनो एक साल से भी ज़्यादा समय से जिम को बिज़नेस में शामिल करने की असफल कोशिश कर रहा था। जब ब्रूनो ने पाँच ठोस सोने के सवालों का रहस्य सीख लिया तो उसने महसूस किया कि साल भर से वह जिम को यह बताने की कोशिश कर रहा था कि जिम को अपनी ज़िंदगी में क्या करना चाहिए। यह ब्रूनो का विचार था, जिम का नहीं। ब्रूनो के कार्ड के पीछे दी गई सूची और पाँच ठोस सोने के सवालों ने जिम को यह बताने पर मजबूर कर दिया कि वह बिज़नेस में क्यों शामिल होना चाहेगा।

जब जिम ने बिज़नेस की योजना देखी तो उसे अपनी आँखों पर भरोसा ही नहीं हुआ। उसने पूछा, 'यह मुझे आज से पहले किसी ने क्यों नहीं बताया ?' इसका जवाब यह था कि इसके पहले उसे यह बताया गया था कि उसे शामिल क्यों होना चाहिये– परन्तु इससे पहले किसी ने उससे उसके प्राथमिक प्रेरणा घटक के बारे में पूछा ही नहीं था।

किस तरह दांत के डॉक्टर का ऑपरेशन हुआ

यह घटना मेरे साथ हुई। चवालीस वर्षीय फ्रैंक मेरा दंतचिकित्सक

था। उसके पास समुद्र तट पर दस लाख डॉलर का आलीशान बंगला था, एक शानदार कार थी और वह हमेशा व्यस्त रहता था। ज़्यादातर लोगों की राय में वह काफ़ी सफल व्यक्ति था। एक दिन जब मैं स्थानीय शॉपिंग सेंटर में था तब मैंने उसे कॉफी हाउस में बैठे देखा। मैं भी कॉफी पीने के लिये उसके पास जा पहुँचा।

एलन : काम-धंधा कैसा चल रहा है, फ्रैंक ?

फ्रैंक : (उत्साहहीन होकर) ठीक ही है ....

एलन : (मज़ाकिया अंदाज़ में) फ्रैंक आप समुद्र तट पर रहते हैं। आपके पास ढेर सा काम है और आप ढेर सारा पैसा कमाते हैं - फिर तो सब कुछ बहुत अच्छा होना चाहिये।

फ्रैंक : मेरे ख़्याल से यह ज़िंदगी गुज़ारने के लिये पर्याप्त है।

एलन : अच्छा, फ्रैंक। अगर आप इसे पसंद नहीं करते तो इसे छोड़कर कुछ और शुरू क्यों नहीं करते ?

फ्रैंक : मुझे नहीं लगता मैं कभी ऐसा कर पाऊँगा, एलेन।

एलन : क्यों नहीं ?

फ्रैंक : (यथार्थपूर्ण स्वर में) क्योंकि मैं दांतों का डॉक्टर हूँ , हमेशा दांतों का डॉक्टर था- मैं यही कर सकता हूँ।

एलन : (रुचि लेते हुये) अच्छा... फ्रैंक , आपने दांतों का डॉक्टर बनने का फैसला कब किया ?

फ्रैंक : तब मैं 18 साल का था और विश्वविद्यालय में पढ़ रहा था। मैंने चिकित्सा में दाख़िला नहीं लिया और दंतचिकित्सा मेरा अगला विकल्प था।

एलन : क्या आपको दांतों का डॉक्टर बने रहना अच्छा लगता है, फ्रैंक ?

फ्रैंक : (झटके से) सच कहूँ तो नहीं, पर इससे बिल चुक जाते हैं।

एलन : फ्रैंक, अगर कोई 18 साल का लड़का आपकी सर्जरी में आकर

आपसे कहे कि अगले बीस साल में आपको अपनी ज़िंदगी किस तरह जीना चाहिये, तो क्या आप उसकी बात सुनेंगे ?

फ्रैंक : (हँसते हुये) 18 साल का अनुभवहीन युवक 44 साल के अनुभवी आदमी को ज़िंदगी के बारे में क्या समझा सकता है ?

एलन : तो आप उसकी बात नहीं सुनेंगे ?

फ्रैंक : बिलकुल नहीं।

एलन : फिर, अभी आप उसकी बात क्यों सुन रहे हैं ?

चर्चा एकदम से रुक गई। फ्रैंक अवाक रह गया। उसने यह कभी सोचा ही नहीं था कि 18 साल के कॉलेज में पढ़ने वाले छात्र के क्षणिक निर्णय से 44 साल की उम्र में उसके जीवन की दिशा नियंत्रित हो रही है। मैं देख रहा था कि यह सवाल उस पर कितना असर डाल रहा था और यह इतना अच्छा मौक़ा था जिसे मैं खोना नहीं चाहता था। मैंने अपनी जेब में हाथ डाला और अपना बिज़नेस कार्ड निकाला जिसके पीछे प्राथमिक प्रेरणा घटकों की सूची छपी हुई थी।

एलन : फ्रैंक, इस सूची पर नज़र डालिये। आपकी नज़र में ज़िंदगी की पहली प्राथमिकता कौन सी है ?

लंबी खामोशी के बाद उसने अंततः जवाब दिया।

फ्रैंक : ज़्यादा खाली समय।

एलन : आपने इसी विकल्प को क्यों चुना ?

फ्रैंक : मैं हर रोज़ सुबह छह बजे उठ जाता हूँ ताकि 8.30 बजे से पहले मरीज़ देखने के लिये तैयार हो सकूँ। मैं शाम 6 बजे तक काम करता हूँ और पूरे दिन उन लोगों की शिकायतें और तकलीफ़ें सुनता रहता हूँ, जो मुझे देखकर खुश नहीं होते। मेरे पास ख़ुद के लिये या अपने बच्चों के लिये कभी समय नहीं होता, सप्ताह के अंत में भी नहीं। मैं इतना थक जाता हूँ कि मैं कोई भी महत्वपूर्ण काम करने की हालत में नहीं होता। फुरसत एक ऐसी चीज़ है जो मेरे पास कभी होती ही नहीं है।

एलन : यह आपके लिये क्यों महत्वपूर्ण है, फ्रैंक ?

फ्रैंक : (असहज होते हुये) जैसा मैंने कहा, मेरा जीवन मिनट से मिनट तक के टाइमटेबल के अनुसार चलता है। मैं सोचता हूँ कि काश मैं किसी स्कूल में टीचर होता ताकि मेरे पास ज़्यादा समय होता और ढेर सारी छुट्टियाँ होतीं।

एलन : यानी ?

फ्रैंक : दंतचिकित्सा वैसी नहीं है जैसा इसे समझा जाता है। जब मैंने पहली बार इसमें कदम रखने का फैसला किया था...

फ्रैंक 5 मिनट तक भावविव्हल होकर उस कैदखाने के बारे में बातें करता रहा जिसमें दंतचिकित्सा ने उसे क़ैद कर रखा था।

एलन : अगर आपको ज़्यादा समय नहीं मिले, तो इसके क्या परिणाम होंगे, फ्रैंक ?

फ्रैंक : (हताशा भरे स्वर में) मुझे अपनी पूरी ज़िंदगी सर्जरी करते-करते ही काटनी पड़ेगी। मेरे बच्चे बड़े हो रहे हैं और मेरे पास उनके लिये समय नहीं है। मेरी पत्नी का कहना है कि मेरी तनावपूर्ण स्थिति से वह भी काफ़ी तनावग्रस्त रहती है।

फ्रैंक का चेहरा पीला पड़ रहा था। उसकी आँखें डबडबा आयी थीं। मुझे लगा कि वह फूट-फूटकर रोने वाला है। 20 साल में पहली बार वह अपने दिमाग़ में मौजूद विचारों को शब्दों में व्यक्त कर पा रहा था।

एलन : (धीमे से) आप इससे चिंतित क्यों होते हैं, फ्रैंक ?

फ्रैंक ने कोई जवाब नहीं दिया। वह जवाब दे भी नहीं सकता था। क्योंकि वह काफ़ी चिंतित था। वह बस चुपचाप वहाँ बैठा रहा। मैंने ज़्यादा जानकारी के लिये उस पर दबाव नहीं डाला क्योंकि मुझे नहीं लगता था कि वह इसे झेल पायेगा। इसके अलावा, मुझे कॉर्नफ्लेक्स ख़रीदने चाहिये थे, न कि फ्रैंक की ज़िंदगी को बदलना चाहिये था।

तीन महीने बाद मैं फ्रैंक से उसकी सर्जरी में मिलने गया। उसकी

रिसेप्शनिस्ट ने मुझे बताया कि वह बाहर गये हुए थे। वह एक सोमवार को लौटकर आये थे और उन्होंने घोषणा की थी कि उनका एक दोस्त उनकी जगह चिकित्सा करेगा और वे ख़ुद छुट्टियाँ मनाने जा रहे हैं। किसी ने भी उन्हें तीन महीनों से नहीं देखा था। एक साल बाद मैंने सुना कि फ्रैंक अमेरिका में कमीशन पर मोटल बेच रहा है और वह काफ़ी खुश है। मैं आज भी नहीं जानता कि फ्रैंक कहाँ है या वह क्या कर रहा है, पर यहाँ जो कुछ हुआ, वह इसलिये महत्वपूर्ण है क्योंकि यह बताता है कि यह तकनीक कितनी शक्तिशाली हो सकती है और किस तरह आप उन लोगों की ज़िंदगी बदल सकते हैं जिसकी आपको कतई उम्मीद नहीं होगी।

हो सकता है कि कहीं पर फ्रैंक का नेटवर्क मार्केटिंग का बिज़नेस हो...

ऐसा ग्राहक जिसकी कोई प्राथमिकता ही न हो

कभी-कभार आपका किसी ऐसे संभावित ग्राहक से पाला पड़ता है जिसकी कोई प्राथमिकता ही नहीं होती।

कई लोगों के पास प्राथमिकता दो कारणों से नहीं होती।

पहला कारण तो यह कि उनकी सचमुच कोई प्राथमिकता होती ही नहीं है और नंबर दो या नंबर तीन प्राथमिकतायें भी नहीं होतीं। इस तरह के मामले में उन्हें धन्यवाद दीजिये और अगले संभावित ग्राहक की खोज में चल दीजिये। अपना समय ऐसे लोगों के साथ बर्बाद मत कीजिये जिनके पास कोई आशा, सपना या प्राथमिकता न हो। दूसरा कारण यह होता है कि वे प्राथमिकता चुनने में इसलिये भी डरे हुये हो सकते हैं क्योंकि उन्हें इसके अनुसार काम करने पर मजबूर होना पड़ेगा।

इस तरह के संभावित ग्राहकों से कैसे निबटा जाये :

आपः आपकी पहली प्राथमिकता क्या है ?

संभावित ग्राहकः सच कहूँ तो इनमें से कोई भी नहीं ...

आप : कोई भी नहीं ?

संभावित ग्राहकः नहीं, इनमें से कोई भी अभी मेरे लिये महत्वपूर्ण नहीं है।

आप : (सामान्य रूप से) अच्छा, अगर इनमें से कोई प्राथमिकता महत्वपूर्ण होती, तो कौन सी होती ?

संभावित ग्राहकः अगर कोई प्राथमिकता महत्वपूर्ण होती... तो शायद आर्थिक स्वतंत्रता ही होती।

आप : आर्थिक स्वतंत्रता ही क्यों ?

संभावित ग्राहकः क्योंकि पैसे का होना काफ़ी महत्व रखता है और...

अब आप पाँच ठोस सोने के सवालों को पूछना जारी रख सकते हैं।

मौन की शक्ति

सवाल पूछने के बाद जब तक आपका संभावित ग्राहक अपना जवाब पूरा न दे दें, आप एकदम चुप रहें। प्राथमिकता चुनने में उसकी मदद करने के सारे प्रलोभनों पर क़ाबू पायें, क्योंकि यह विचार पूरी तरह उसका होना चाहिये, आपका नहीं। उसे आपको बताना चाहिये कि वह आपके बिज़नेस में क्यों शामिल होना चाहता है। संभावित ग्राहक की ज़िंदगी में शायद पहली बार किसी ने उससे इतने महत्वपूर्ण सवाल पूछे हैं और उसे ख़ुद जवाब देने का मौका दिया होगा। अगर आपके संभावित ग्राहक से पहले भी नेटवर्क मार्केटिंग के लिये किसी ने पूछा होगा तो भी शायद पहली बार ही किसी ने उससे यह सवाल पूछकर चुप्पी साधी होगी। आपके संभावित ग्राहक के जवाब उस प्रतिबद्धता के बारे में भी बतायेंगे जो वह बिज़नेस में लंबी अवधि के लिये अपनायेगा।

भेड़ों को बकरियों से अलग कैसे करें ?

पाँच ठोस सोने के सवालों के जवाब संभावित ग्राहक जितनी गंभीरता और गहराई से देगा, उससे आपको यह पता चल जायेगा कि वह व्यवसाय में कितना प्रेरित और प्रतिबद्ध रहेगा। यदि उसके जवाब

लापरवाहीपूर्ण, अविश्वसनीय या असंतोषजनक हों तो आपको सावधानी से यह सोचना होगा कि आपको उसे नेटवर्क मार्केटिंग में शामिल करने का निमंत्रण देना चाहिये या नहीं। जब तक आपके संभावित ग्राहक के सीने में आग न हो, तब तक वह शिकायत करने के सिवा कुछ और नहीं करेगा। अगर पाँच ठोस सोने के सवालों के उसके जवाब कमज़ोर हों तो बेहतर होगा कि आप कोई नया ग्राहक खोज लें। जो संभावित ग्राहक कमज़ोर प्रतिक्रिया देते हैं उनकी कार्यशैली भी कमज़ोर होगी और वे लगातार आपका समय बर्बाद करेंगे। प्राथमिकताओं और सपनों से भरे ग्राहक निश्चित ही सफल होंगे, भले ही आप उनकी मदद करें या न करें।

> **प्राथमिकता वाले संभावित ग्राहक हमेशा सफल होंगे, आप सिर्फ़ इस प्रक्रिया की गति बढ़ा सकते हैं।**

नेटवर्क मार्केटिंग व्यवसाय बनाना एक बगीचा लगाने की तरह है। आप ज़मीन खोदते हैं, खाद देते हैं, घास-फूस को हटा देते हैं और यह सुनिश्चित कर लेते हैं कि यह बुरे मौसम से बचा रहे। पर फिर भी कुछ ही बीज उग पाते हैं जबकि बाक़ी नष्ट हो जाते हैं। आप सिर्फ़ यह कर सकते हैं कि आप उन्हें खाद-पानी दें और घास-फूस को हटा दें। मज़बूत बीज आपकी देखभाल के बिना भी पनप जायेंगे।

अगर आप कमज़ोर बीज बो रहे हैं तो आपको हमेशा उनकी देखभाल करनी होगी और उनके बढ़ने की आशा करनी होगी। यह सोचने की ग़लती कभी मत कीजिये कि एक कमज़ोर बीज को प्रोत्साहन दिया जाये तो वह एक मज़बूत और सुंदर पौधे में बदल सकता है। ऐसा कभी-कभार ही होता है। असली रहस्य है मज़बूत बीज बोना। यही पाँच ठोस सोने के सवालों का लक्ष्य है- इसके पहले कि आप उन्हें बोने का फ़ैसला करें ये सवाल बीज की संभावित शक्ति का परीक्षण करेंगे।

अगर कोई संभावित ग्राहक सवालों का जवाब देते समय मज़बूत नहीं लगता तो वह आपके लिये ग़लत ग्राहक हो सकता है। शायद उसका समय-निर्धारण ही ग़लत हो। या वह सिर्फ़ आपके सामानों का ख़रीदार ही

बन सकता हो। आप भले ही कितने भी संभावित ग्राहकों को प्रायोजित करें पर अपना ज़्यादातर समय मज़बूत बीजों को दीजिये।

समूह के साथ सूची का प्रयोग

थोड़े से अभ्यास के बाद आप देखेंगे कि आपने संभावित ग्राहकों के समूह के सामने प्रस्तुति करने का आश्चर्यजनक तरीका खोज लिया है। आप या तो तैयार **पी एम एफ** सूची का इस्तेमाल कर सकते हैं या समूह के लोगों से पूछ सकते हैं कि वे नेटवर्क मार्केटिंग समूह में क्यों शामिल होना चाहेंगे। तैयार सूची के साथ आप किसी से भी यह सवाल पूछ सकते हैं, 'आपकी पहली प्राथमिकता क्या है?' और फिर रुक जाइये। इसी प्रक्रिया को दूसरे और तीसरे संभावित ग्राहक के साथ दोहराइये और बहुत जल्दी आप पायेंगे कि पूरा समूह आपको बता रहा होगा कि वे इस बिज़नेस में क्यों शामिल होना चाहते हैं।

अगर आप प्रस्तुति के दौरान हाथ से सूची बनाना ज़्यादा पसंद करते हों तो प्राथमिकता बताने वाले हर आदमी से आप पूछ सकते हैं, 'आपने इसी को क्यों चुना?' और फिर सभी सवालों को एक-एक कर पूछते जाइये। यह बड़ा मज़ेदार होगा जब पूरा समूह एक दूसरे को बतायेगा कि शामिल होना क्यों महत्वपूर्ण है - और इस दौरान आपको कुछ भी नहीं कहना पड़ेगा। आपको सिर्फ़ अपना सिर हिलाते जाना है और उनका उत्साह बढ़ाना है।

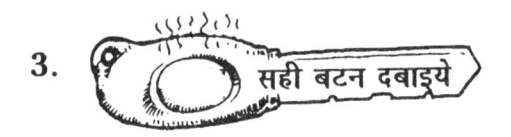

3. सही बटन दबाइये

योजना दिखाइये

यहाँ पर ज़्यादातर नेटवर्क मार्केटिंग कार्यकर्ता बहुत अच्छे होते हैं। यहाँ पर आप यह बताते हैं कि आपकी योजना उन आशाओं, सपनों और

डरों का समाधान है जो आपने दूसरी कुंजी 'सही बटन ढूँढिये' द्वारा खोजे थे। आपको दिये गये प्रशिक्षण से आपको अपनी व्यावसायिक योजना को प्रस्तुत करने का ऐसा तरीका निस्संदेह मिल जायेगा जो आज़माया हुआ होगा और जिससे अपेक्षित परिणाम प्राप्त होंगे।

फिर भी, यह अत्यंत महत्वपूर्ण है कि आप अगले वक्तव्य को समझ लें

व्यावसायिक योजना सिर्फ़ एक समस्या का समाधान है, या एक सपने को साकार करने का तरीका है।

समाधान तार्किक रूप से सही होना चाहिये। पर तर्क का प्रभाव सिर्फ़ दिमाग़ पर पड़ता है। पाँच ठोस सोने के सवाल भावनाओं के ताले को खोलते हैं और संभावित ग्राहक को प्रेरित करते हैं कि वे अपने समाधान ख़ुद खोजें। अगर आपने समाधान देने से पहले ही सामने वाले के प्राथमिक प्रेरणा घटक को नहीं खोजा है तो हो सकता है कि संभावित ग्राहक उस समय तो उत्साहित हो जाये पर बाद में वह भावनात्मक रूप से प्रेरित या प्रतिबद्ध नहीं होगा।

इसी कारण ज़्यादातर संभावित ग्राहकों का उत्साह कुछ ही दिनों में ठंडा पड़ जाता है।

उदाहरण के तौर पर –

'तो इसका मतलब है कि आप अपनी तक़दीर ख़ुद बना सकते हैं और आपके पास अपने परिवार के साथ बिताने के लिये ज़्यादा समय होगा।'

या

'इसका मतलब है कि आप आराम से रिटायर हो सकते हैं और आपको हर वह आराम मिलेगा जो आपके अनुसार आपको चाहिये।'

जब आप व्यावसायिक योजना बनाते समय अपने संभावित ग्राहक

के ही शब्दों को दुहराते हैं तो यह बात उनके लिये व्यक्तिगत बन जाती है। यह अर्थपूर्ण और प्रेरणादायक बन जाती है, क्योंकि वे विचार व शब्द उनके होते हैं, आपके नहीं।

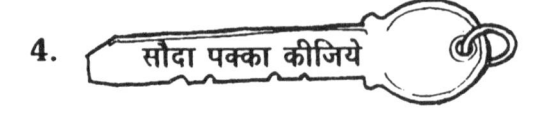

4.

सौदा पक्का कीजिये

अगर आप इन तकनीकों का पूरी तरह पालन करते हैं तो अपने संभावित ग्राहक से अपनी योजना में शामिल होने के लिये आग्रह करना कोई बड़ी बात नहीं रह पाती। उनके ख़ुद के भीतर इतना उत्साह पैदा हो जाना चाहिये कि वे बिज़नेस शुरू करने के लिये बेताब हो जायें। हमेशा अपनी प्रस्तुति को इस नज़रिये के साथ रखिये जैसे तत्काल शुरूआत करना एक स्वाभाविक प्रक्रिया हो। आपकी शैली व्यावसायिक तो हो, परंतु सहज भी हो, जैसे आप हर रोज़ यही सब करते हैं।

जब आपको लगे कि आपके संभावित ग्राहक ने बिज़नेस में शामिल होने का मन बना लिया है तो याद रखें, आप उसे तुरन्त शामिल होने का निमंत्रण ज़रूर दें।

हमेशा विश्वासपूर्ण व निश्चित बने रहें और उसे बतायें कि आप उसे शामिल करना चाहते हैं। आज ही – न कि अगले दिन।

यह पद्धति काम क्यों करती है ?

चार कुंजियों वाली पद्धति 'हाँ' तक पहुँचने का आज़माया हुआ नुस्खा है इसलिये इससे अधिकतम लाभ प्राप्त करने के लिये आपको इस फॉर्मूले का पूरी तरह पालन करना है। मैं जिन नेटवर्क मार्केटिंग कार्यकर्ताओं से मिला हूँ उनमें से ज़्यादातर **बर्फ पिघलाइये** स्तर पर अच्छा प्रदर्शन करते हैं। उन्होंने सीख लिया है कि लोगों से दोस्ताना ढंग से बात कैसे की जाये और किस तरह उनसे तालमेल बैठाया जाये। ज़्यादातर नेटवर्क मार्केटिंग कार्यकर्ता ***'सही बटन ढूँढिये'*** स्तर पर ज़्यादा असरदार नहीं

किस तरह 'हाँ' तक पहुँचें ● 41

होते हैं - वे **बर्फ पिघलाइये** से सीधे **सही बटन दबाइये** पर पहुँच जाते हैं। यह मान भी लिया जाये कि व्यावसायिक योजना की उनकी प्रस्तुति श्रेष्ठ रहती हो, तो भी यह ज़रूरी नहीं है कि संभावित ग्राहक शामिल होने के लिये प्रेरित हो जायेंगे क्योंकि वे भावनात्मक रूप से तैयार नहीं हो पाते।

यही प्रमुख कारण है जिसकी वजह से कई संभावित ग्राहक आपकी योजना की प्रस्तुति से रोमांचित तो हो जाते हैं, पर एक-दो दिन बाद ही उनका उत्साह पूरी तरह से ठंडा पड़ जाता है। कुछ नेटवर्क मार्केटिंग कार्यकर्ता तो योजना दिखाने में इतने तल्लीन हो जाते हैं कि वे विचार को बेच तो सकते हैं पर वे इतना ज़्यादा बोलते हैं कि उन्हें इसे वापस ख़रीदना पड़ता है।

आपकी व्यावसायिक योजना आपके संभावित ग्राहकों के उन कष्टों का समाधान है जिन्हें वे दूर करना चाहते हैं और उन लाभों का समाधान है जो वे प्राप्त करना चाहते हैं। इसलिये योजना दिखाने का तब तक कोई अर्थ नहीं है जब तक कि आप संभावित ग्राहक का प्राथमिक प्रेरणा घटक न खोज लें और उन्हें इसके बारे में आवेशित न कर दें।

अगर आप *सही बटन ढूँढिये* में श्रेष्ठ हों तो आपको *सौदा पक्का कीजिये* की स्थिति के बारे में ज़्यादा चिंतित होने की ज़रूरत नहीं है। अगर आप जानते हैं कि संभावित ग्राहक को किस तरह भावनात्मक रूप से विचलित किया जा सकता है तो वे अपनी समस्याओं के लिये ख़ुद समाधान खोजना चालू कर देंगे।

इस तरह *सही बटन ढूँढना* और उसे *दबाना* और अपना नेटवर्क बनाना आपके लिये एक सरल काम बन जायेगा।

खण्ड तीन

सशक्त प्रस्तुति के छह महत्वपूर्ण उपाय

यहाँ पर छह छोटे परंतु बहुत प्रभावी उपाय दिये गये हैं जो आपकी प्रस्तुतियों को दमदार बना देंगे।

उपाय # 1 : पुल बनाना या सेतु- बन्धन

सेतु-बन्धन या पुल बनाना एक तकनीक है जो चर्चा को जारी रखती है और उस परिस्थिति को टालती है जिसमें या तो आप बहुत ज़्यादा बातें करते हैं या आपका संभावित ग्राहक बहुत कम बातें करता है।

अगर आप कोई महत्वपूर्ण सवाल पूछें और जवाब में आपको एक छोटा सा उत्तर मिले तो आप कुंठित हो जायेंगे।

असली ज़िंदगी की कहानी

किस तरह स्यू ने एक भावहीन व्यक्ति को प्रभावित किया

यहाँ पर स्यू का उदाहरण है, जो एक डिस्ट्रीब्यूटर थी और वह अपने संभावित ग्राहक फ्रेड के साथ तालमेल बनाने की कोशिश कर रही थी। फ्रेड एक कंप्यूटर कंपनी में काम करता था और उसने अपनी लंच की छुट्टी में स्यू को मुलाक़ात का समय दिया था। फ्रेड शुरूआत में ज़रा रूखा नज़र आया और वह बातूनी स्वभाव का नहीं था इसलिये स्यू शुरू में थोड़ी निरुत्साहित हो गयी।

स्यू : आप इस बिज़नेस में कैसे आये ?

फ्रेड : मेरी हमेशा से ही कंप्यूटरों में रुचि थी।

इस संबंध में स्यू के पास ज़्यादा जानकारी नहीं थी, इसलिये उसे बात बढ़ाने के लिये अगला सवाल पूछना पड़ा।

स्यू : आपको कंप्यूटर के बिज़नेस में सबसे अच्छी बात क्या लगती है ?

फ्रेड : यह लगातार बदलता रहता है।

दुबारा दिये गये इस छोटे जवाब ने स्यू को फिर से मजबूर कर दिया कि वह अगला सवाल पूछे ताकि बातचीत का सिलसिला जारी रह सके।

समस्या यह थी कि अगर वह ढेर सारे अच्छे सवाल भी पूछती तो भी कुछ समय बाद बातचीत किसी इंटरव्यू की तरह लगती जिसमें स्यू की भूमिका पुलिस कमिश्नर जैसी हो जाती।

छोटे जवाब देने वाले संभावित ग्राहक को संभालने का श्रेष्ठतम तरीका यह है कि उनसे चर्चा करते समय पुल बनाये जायें। शक्तिशाली पुल हैं:

- अर्थात / यानी ....
- उदाहरण के तौर पर ....
- फिर ....
- इसलिये ....
- तब आपने ....
- इसका मतलब है ....

हर पुल के बाद आपको चुप हो जाना चाहिये। सौभाग्य से, स्यू ने पुलों का उपयोग करना सीख लिया था और फ्रेड के साथ उसकी चर्चा इस तरह चली -

स्यू : आप इस व्यवसाय में कैसे आये, फ्रेड ?

फ्रेड : मेरी हमेशा से ही कंप्यूटरों में रुचि थी।

स्यू : यानी ....

फ्रेड : यानी .... नेटवर्क सिस्टम को बड़े और मध्यम आकार की कंपनियों में लगाना।

स्यू : इसका मतलब है ....

फ्रेड : इसका मतलब है कि मैं किसी भी कंपनी की कार्यप्रणाली में सुधार के लिये ऐसा सॉफ्टवेयर तैयार करने में मदद करता था जिससे ज़िंदगी आसान हो जाये।

स्यू : उदाहरण के तौर पर ?

फ्रेड : उदाहरण के तौर पर, कल ही की बात लीजिये। कल मैंने एक कंपनी में अपना सिस्टम लगाया। उस कंपनी में गंभीर लेखांकन समस्याएँ थीं। उन्होंने मुझे बुलाया और....

इस मामले में स्यू ने न केवल सफलतापूर्वक एक किला जीत लिया था बल्कि वह इंटरव्यू लेने वाले की तरह भी नहीं लगी थी। और उसने ज़्यादा शब्दों का इस्तेमाल भी नहीं किया था। वह फ्रेड के बारे में ज़्यादा से ज़्यादा उपयोगी जानकारी हासिल कर रही थी और वह अपने पहले नंबर के विषय पर बातें कर रहा था – वह ख़ुद।

जब आप पुल का प्रयोग करें, तो यह तीन काम करिये –

1. आगे की तरफ झुकिये, हथेली खोलकर आगे कीजिये।
2. पुल के आख़िरी अक्षर को थोड़ा खींचिये।
3. पीछे टिक जाइये और चुप हो जाइये।

बात बढ़ाने के लिये पुलों का प्रयोग

हथेली खोलकर आगे की तरफ झुकने से दो संकेत संप्रेषित होते हैं। पहला तो यह कि बिना शब्दों के ही इससे यह पता चलता है कि आप ख़तरनाक नहीं हैं और दूसरा संकेत यह कि इससे श्रोता को यह पता चलता है कि अब बातें करने की उसकी बारी है क्योंकि आपने नियंत्रण उसके हाथ में सौंप दिया है। पुल के आख़िरी अक्षर को खींचने से यह लगभग एक सवाल के रूप में बदल जाता है, जबकि यदि इसे न खींचा जाये तो यह एक वक्तव्य की तरह लगेगा।

उदाहरण के तौर पर :

फ्रेड : ताकि बिज़नेस ज़्यादा अच्छे ढंग से चल सके।

स्यू : यानी .... ?

फ्रेड : यानी इससे लोगों की ज़िंदगी ज़्यादा आसान हो जाती है और वे अपने ग्राहकों को बेहतर सेवायें दे सकते हैं। आप जानती ही होंगी ज़्यादातर कंपनियों में कोई अच्छा सिस्टम नहीं होता और...

यदि पुल के आख़िरी अक्षर को नहीं खींचा जाये तो यह एक विचार या वक्तव्य की तरह लगेगा, जो अपमानजनक भी लग सकता है।

जब आप पुल का प्रयोग कर लें तो इसके बाद चुप हो जायें। अनंत सी प्रतीत होती खामोशी से न घबरायें और अपने ज्ञान के मोती बिखेरने के लालच से बचें। पुल के प्रयोग के बाद कुछ देर तक चुप्पी छा सकती है। आपकी खुली हथेली यह बताती है कि अब आपने बोलने की ज़िम्मेदारी संभावित ग्राहक को दे दी है, इसलिये अब आप उसे ही बोलने दें।

सुनने की देहभाषा

यहाँ एक उदाहरण दिया जा रहा है कि पुल बनाने से किस तरह छुपी हुयी प्रेरणाओं को सामने लाया जा सकता है और संभावित ग्राहकों से किस तरह जानकारी हासिल की जा सकती है।

नियंत्रण दे देने के बाद आप पीछे की तरफ़ टिक जायें और अपने

सशक्त प्रस्तुति के छह महत्वपूर्ण उपाय ◆ 49

हाथ को अपनी ठुड्डी पर रख लें और इस तरह मूल्यांकन की स्थिति में आ जायें। इससे सुनने वाले को तत्काल यह मालूम पड़ जाता है कि उसे बातचीत शुरू करनी है क्योंकि आप पीछे टिके हुए हैं।

उदाहरण के लिए, अगर आपके संभावित ग्राहक ने आर्थिक स्वतंत्रता को अपनी पहली प्राथमिकता चुना है -

आपः आपकी पहली प्राथमिकता क्या है ?

संभावित ग्राहक : आर्थिक स्वतंत्रता।

आप : आपने इसी को क्यों चुना ?

संभावित ग्राहकः क्योंकि यह महत्वपूर्ण है। ज़िंदगी में मैं जो भी करना चाहता हूँ उसके लिये मुझे पैसों की ज़रूरत है।

आपः (आगे झुकते हुये, हथेली खुली रखकर) यानी .... ?

संभावित ग्राहकः यानी मेरे पास अपने बच्चों को अच्छी शिक्षा देने के लिये और आरामदेह ज़िंदगी जीने के लिये पर्याप्त पैसा होना चाहिए।

आप : (आगे झुकते हुये, हथेली खुली रखकर) आरामदेह यानी .... ?

संभावित ग्राहकः यानी मेरे पास लंबी छुट्टियों पर जाने के लिये पैसा हो, मैं नयी कार ख़रीद सकूँ और कभी-कभार थोड़ी-बहुत विलासिता की चीज़ें भी ख़रीद सकूँ।

आपः उदाहरण के तौर पर ..... ?

संभावित ग्राहकः उदाहरण के तौर पर अगर मैं यात्रा करना चाहूँ तो मैं इस क़ाबिल बन सकूँ कि....

'यानी' और 'उदाहरण के तौर पर' इन दोनों पुलों का प्रयोग करने से आपका संभावित ग्राहक वह सब बताने लगेगा जो वह सोचता है, अनुभव करता है और विश्वास करता है, और, सबसे महत्वपूर्ण बात यह है कि आप ज़्यादा बातें नहीं कर रहे हैं। पुल एक तरह से खुले सवाल होते हैं। प्रस्तुतियों में उनका श्रेष्ठतम प्रयोग तब होता है जब लोग अपने बारे में ज़्यादा बातें न कर रहे हों या वे आपके सवालों का छोटा जवाब दे रहे हों। जब आप पहली बार पुलों का प्रयोग करेंगे तो आपको अजीब लगेगा (ख़ासकर तब जब आप बातूनी स्वभाव के हों) क्योंकि पुल के प्रयोग के बाद बातचीत में कुछ देर तक खामोशी छा जाती है। पर आपके श्रोता को तो छोटे जवाब देने की आदत है इसलिये उसे चर्चा में खामोशी की आदत भी होगी, इसलिये उसे यह खामोशी पूरी तरह स्वाभाविक लगती है। पुलों का प्रयोग मज़ेदार होता है क्योंकि उनसे प्रस्तुतियाँ ज़्यादा रोचक बनती हैं और आपको मौन नियंत्रण की शक्ति भी मिलती है।

उपाय #2: सिर हिलाने की तकनीक

ज़्यादातर लोग यह नहीं जानते कि सिर हिलाना एक सशक्त और विश्वास दिलाने वाली तकनीक है। अधिकांश देशों में सिर हिलाना या गर्दन ऊपर-नीचे करना सहमति दर्शाता है। इसका अर्थ है शरीर को झुकाना या नीचे करना, जो यह बताता है 'मैं आपके सामने झुक जाता हूँ, मैं आपकी इच्छाओं के अधीन हूँ।' तो यह एक तरह की झुकने की क्रिया है।

सिर झुकाने की तकनीक के दो सशक्त उपयोग हैं। देह भाषा हमारी अंदरूनी भावनाओं की बाहरी अभिव्यक्ति है। अगर आप सकारात्मक महसूस करते हैं तो बोलते समय आपका सिर अपने आप नीचे की तरफ़ हिलने लगेगा। अगर आप तटस्थ अनुभव करते हों और फिर भी जान-बूझकर अपना सिर हिलाने लगें तो आप सकारात्मक भावनायें अनुभव करने लगेंगे। दूसरे शब्दों में, सकारात्मक भावनाओं से सिर नीचे की तरफ़ हिलने लगता है - इससे उलटा भी बिलकुल सही है। सिर हिलाने से भी सकारात्मक भावनायें उत्पन्न होती हैं।

> अगर आप सकारात्मक अनुभव करते हैं तो अपना सिर हिलाना चालू कर देंगे। अगर आप अपना सिर हिलाना चालू कर देते हैं तो आप सकारात्मक महसूस करने लगेंगे।

सिर हिलाने की क्रिया संक्रामक होती है। अगर मैं आपकी बातों पर सिर हिलाता हूँ तो आप भी सिर हिलाने लगेंगे - भले ही आप मेरी बात से सहमत न हों। सहमति और सहयोग हासिल करने का यह एक अद्भुत मंत्र है। फिर अपने हर वाक्य को शाब्दिक सहमति के शब्दों के साथ समाप्त करें —

- नहीं क्या ?
- क्या आप ऐसा नहीं करेंगे ?
- क्या यह सही नहीं है ?
- ठीक है ना ?

जब वक्ता और श्रोता दोनों अपने सिर हिलाते हैं तो श्रोता को सकारात्मक भावनाओं का अनुभव होता है और इससे सकारात्मक परिणाम निकलने की ज़्यादा संभावना होती है। सिर हिलाने की कला आसानी से सीखी जा सकती है और एक सप्ताह के भीतर आप इसे अपने देह भाषा संकेतों का स्थायी हिस्सा बना सकते हैं।

सिर हिलाने की तकनीक का दूसरा लाभ यह है कि इससे चर्चा आगे बढ़ती है। यह इस तरह होता है। जब आप एक खुला सवाल पूछ लेते हैं या एक पुल का उपयोग करते हैं और श्रोता जवाब देता है, तो आप उसके जवाब देते समय अपने सिर को हिलाइये। जब वह बोलना खत्म कर चुके तो भी अपने सिर को एक बार प्रति सेकंड की दर से पाँच बार हिलाना जारी रखिये। सामान्यतः चार सेकंड बाद ही श्रोता दुबारा बोलना शुरू कर देता है और आपको ज़्यादा जानकारी देने लगता है। और जब तक आप पीछे की तरफ़ टिके हैं और आपका हाथ आपकी ठुड्डी पर रहता है तब तक बोलने के लिये आप पर कोई भी दबाव नहीं होता। इस तरह से आप एक प्रश्नकर्ता की तरह नहीं लगेंगे। जब आप सुनें तो अपने

एक हाथ को अपनी ठुड्डी पर रखें और उसे धीरे-धीरे थपथपायें। इन संकेतों के अध्ययन से ज्ञात हुआ है कि इनसे संभावित ग्राहकों को लंबे सगय तक बोलते रहने का प्रोत्साहन मिलता है।

पुरुष का ठुड्डी सहलाना    महिला का ठुड्डी सहलाना

उपाय #3 : न्यूनतम प्रोत्साहक

जब दूसरा आदमी बोल रहा हो तो न्यूनतम प्रोत्साहकों के प्रयोग द्वारा उसे बोलते रहने के लिये प्रोत्साहित करें। न्यूनतम प्रोत्साहक यह हैं:

- अच्छा ....
- आह ....
- सच ?
- फिर क्या हुआ ?

न्यूनतम प्रोत्साहक दूसरे व्यक्ति द्वारा दी जा रही जानकारी की मात्रा में दुगुनी से भी ज़्यादा वृद्धि कर सकते हैं।

सिर हिलाने की तकनीक और पुलों के साथ मिल जाने के बाद, न्यूनतम प्रोत्साहक आपके सबसे प्रभावी यंत्र बन जाते हैं जिनके द्वारा आप

अपनी प्रस्तुति को बेहतर ढंग से जारी रख सकते हैं।

उपाय #4 : आँखों पर क़ाबू कैसे करें

शोध से पता चला है कि आमने-सामने की प्रस्तुति में किसी आदमी के दिमाग़ तक पहुँची जानकारी में से 87% आँखों के माध्यम से पहुँचती है, 9% कानों के द्वारा और बाकी 4% अन्य इंद्रियों के द्वारा।

उदाहरण के तौर पर, अगर आपका संभावित ग्राहक आपके बोलते समय आपकी दृश्य-प्रस्तुति की तरफ देख रहा हो और आपका संदेश उसके द्वारा देखी जाने वाली चीज़ से संबंधित न हो, तो वह आपके संदेश का सिर्फ़ 9% ही ग्रहण कर पायेगा। अगर आप यात्रा के बारे में बातें करते समय एक घर की तस्वीर बनाने लगेंगे, तो उसे आपकी बात समझने में ख़ासी मुश्किल होगी। अगर आपकी बातें आपकी दृश्य-प्रस्तुति से संबद्ध हैं तो भी वह आपके संदेश का सिर्फ़ 25 प्रतिशत से 30 प्रतिशत तक ही ग्रहण कर पायेगा और वह भी तब, जब वह दृश्य-प्रस्तुति की तरफ़ देख रहा हो, न कि सीधे आपकी तरफ़।

अधिकतम चक्षु नियंत्रण बनाये रखने के लिये अपनी प्रस्तुति की तरफ इशारा करने के लिये एक पेन का प्रयोग करें। और साथ ही साथ आपका संभावित ग्राहक जो देख रहा हो, उसे शब्दों में स्पष्ट करें। इसके बाद आप चाक्षुष उपकरण से अपने पेन को हटा लें और उसकी तथा अपनी आँखों के बीचोंबीच रख लें और बोलते समय अपना सिर हिलाते रहें।

चक्षु-नियंत्रण के लिये पेन का प्रयोग

पेन के ऊपर से अपने संभावित ग्राहक की आँखों में देखिये और पेन से इशारा वहीं करें जहाँ आप देख रहे हों। इससे आपके संभावित ग्राहक के सिर पर चुंबकीय प्रभाव पड़ने से वह सिर उठाकर आपकी आँखों में देखेगा और तब आप जो कह रहे हैं वह पूरी तरह से देखेगा और सुनेगा और आपके संदेश का उस पर अधिकतम प्रभाव पड़ेगा। यह सुनिश्चित कर लें कि आप जब बोल रहे हों तो आपके दूसरे हाथ की हथेली दिख रही हो ताकि भयहीन वातावरण निर्मित हो सके।

उपाय # 5 : प्रतिरूपण या प्रतिबिंबन (Mirroring)

जब दो लोग एक दूसरे के साथ मानसिक रूप से एकाकार होते हैं तो उनके शरीर भी आपसी तालमेल दिखाने के लिये प्रेरित होते हैं और वे एक जैसी मुद्रायें यहाँ तक कि एक जैसे हाव-भाव अपना लेते हैं। इस व्यवहार का उद्देश्य दोनों के बीच तालमेल बनाना और संघर्ष टालना है। इस शब्दविहीन व्यवहार से आप यह कहते हैं 'मैं भी आपके जैसा ही हूँ और मैं आपसे तथा आपके दृष्टिकोण से सहमत हूँ।'

दूसरे आदमी के साथ 'एकाकार' होने की शुरूआत गर्भावस्था में ही हो जाती है जब हमारी देह-क्रियाएँ और दिल की धड़कन हमारी माँ की लय से तालमेल बना लेती हैं। इसलिये प्रतिरूपण एक ऐसी अवस्था है जिसके प्रति हमारा स्वाभाविक झुकाव रहता है।

मम्मी, डैडी और रोवर

परिणामस्वरूप, जिन लोगों के साथ हमारा तालमेल बैठ जाता है हम अपने आप ही उनकी नक़ल करने लगते हैं। आप इसे व्यावसायिक

बैठकों या सामाजिक उत्सवों में उन लोगों के साथ होते देख सकते हैं जिनकी एक दूसरे से अच्छी पटती है। इसी कारण कई सालों तक एक साथ रहने के बाद लोग एक दूसरे की तरह दिखने लगते हैं। फिर वे एक कुत्ता ख़रीद लेते हैं जो उन दोनों की तरह दिखता हो।

बंदर जो देखता है, वही करता है

अगले चित्र में खड़े दो लोग प्रतिरूपण का उत्कृष्ट उदाहरण प्रस्तुत करते हैं। वे एक जैसी मुद्राओं में खड़े हैं, उन्होंने अपने गिलास एक ही तरह से पकड़े हुये हैं - शायद उनके पेय पदार्थ भी एक ही हों - उनकी पोशाक एक सी है और उनका शब्दप्रयोग भी एक जैसा है। यदि एक व्यक्ति अपनी जेब में हाथ डालता है तो दूसरा उसकी नक़ल करता है। अगर दूसरा अपने वज़न को अपने दूसरे पैर पर डालता है तो उसका दोस्त

प्रतिबिंबन दर्शाता है कि तालमेल बन चुका है।

भी वैसा ही करता है। जब तक ये दोनों आपस में सहमत होंगे और उनमें तालमेल बना रहेगा, तब तक प्रतिरूपण या प्रतिबिंबन चलता रहेगा।

प्रतिरूपण से सामने वाला व्यक्ति 'सहज' होता है। यह तालमेल बनाने वाली एक प्रबल तकनीक है। धीमी गति के वीडियो शोध से पता चलता है कि इसमें एक ही समय में पलक झपकाना, नथुने फुलाना, भृकुटी उठाना और यहाँ तक कि पुतली फैलाना और सिकोड़ना भी शामिल है। यह उल्लेखनीय है, क्योंकि इतने सूक्ष्म-संकेतों की जान-बूझकर नक़ल नहीं की जा सकती।

अच्छा तालमेल बनाना

सामने वाले व्यक्ति की देह भाषा और शाब्दिक भाषा को प्रतिबिंबित करना तत्काल तालमेल बनाने का बहुत बढ़िया तरीका है। जब आप किसी नये आदमी से मिलें तो आप उसकी बैठने की मुद्रा, देह-कोण, हावभाव और आवाज़ के लहजे को प्रतिबिंबित करें। जल्दी ही उसे ऐसा लगने लगेगा कि आपमें ऐसा कुछ है जो उसे पसंद आ रहा है। वह शायद आपको इनके साथ मेरा स्वाभाविक तालमेल है' की श्रेणी में रखेगा। ऐसा इसलिये होता है क्योंकि वह आपमें अपनी छवि देखता है।

प्रतिबिंबन द्वारा तालमेल बनाना

चेतावनी : नयी मुलाकात में प्रतिरूपण शुरू करने में जल्दबाज़ी न करें। जब से मैंने अपनी पुस्तक 'बॉडी लैंग्वेज' लिखी है, बहुत से लोग प्रतिरूपण तकनीकों के बारे में जागरूक और जानकार हो चुके हैं और इन तकनीकों को 10 करोड़ से ज़्यादा लोग टी वी और वीडियो पर देख चुके हैं। प्रतिरूपण से पहले कुछ मिनट तक इंतज़ार करने में अक्सर समझदारी होती है।

पुरुषों और महिलाओं के बीच प्रतिरूपण असमानतायें

भावों की अभिव्यक्ति के लिये पुरुषों और महिलाओं के दिमाग़ अलग-अलग तरह से बने हैं। ज़्यादातर महिलायें चेहरे के भावों का सहारा लेती हैं जबकि पुरुष शरीर की गतियों और संकेतों के द्वारा अपने भावों को अभिव्यक्त करते हैं।

सामान्यतः एक महिला दस सेकंड की सुनने की अवधि में वक्ता के भावों पर प्रतिक्रिया देते हुए औसतन चेहरे के छह भावों का प्रयोग करती है। उसका चेहरा वक्ता की भावनाओं को प्रतिबिंबित करता है। ध्यान से देखने वाले को ऐसा लगता है मानो दोनों महिलाओं के साथ एक साथ घटनाएं घट रही हों।

यहाँ दस सेकंड की एक सामान्य श्रृंखला दी जा रही है जिसमें एक महिला के चेहरे से उसके सुने हुए भाव प्रदर्शित हो रहे हैं।

| दुःख | आश्चर्य | क्रोध | खुशी | भय | आकांक्षा |

महिलायें वक्ता की आवाज़ के लहजे और देहभाषा के द्वारा कही हुई बातों का मतलब समझती हैं और अपने समझे हुए भावों को अपने चेहरे के भावों द्वारा व्यक्त करती हैं। ठीक यही एक पुरुष को करना होता

है अगर उसे महिला का ध्यान अपनी तरफ़ खींचना हो या उसे सुनने के लिये मजबूर करना हो। ज़्यादातर पुरुष सुनते समय चेहरे की अभिव्यक्ति को लेकर हतोत्साहित हो जाते हैं पर अगर आप इसे सीख लेते हैं तो इससे आपको बहुत फ़ायदा होगा।

कई लोग कहते हैं, 'वह सोचेगी कि मैं अजीब हूँ।' पर शोध से पता चलता है कि जब कोई पुरुष महिला की भावनाओं को अपने चेहरे के माध्यम से प्रतिबिंबित करता है तो वह महिला उस पुरुष को ज़्यादा बुद्धिमान, दिलचस्प और आकर्षक समझती है।

जनता में भावनाओं को छुपाने की विकासवादी ज़रूरत के कारण (ताकि संभावित आक्रमण से बचा जा सके) ज़्यादातर पुरुष सुनते समय मूर्तियों की तरह भावहीन दिखते हैं।

यहाँ दस सेकंड की एक वैसी ही सामान्य श्रृंखला है जिसमें एक पुरुष का चेहरा उसके सुने हुये भाव दिखा रहा है।

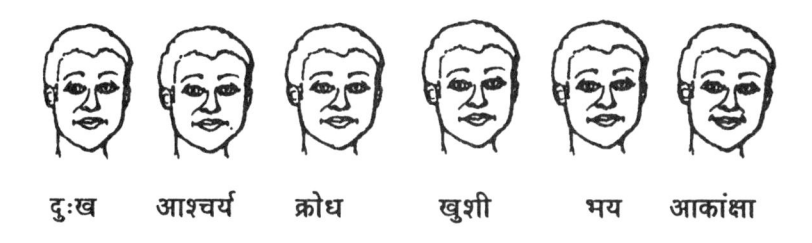

दुःख आश्चर्य क्रोध खुशी भय आकांक्षा

यह पुरुष की सुनने की शैली के बारे में मज़ाकिया दृष्टि है, पर इसमें हमें सच्चाई की झलक दिखती है। सुनते समय पुरुष जो भावहीन नकाब ओढ़ लेते हैं उससे उन्हें लगता है कि वे स्थिति के नियंत्रण में हैं, पर इसका यह अर्थ नहीं है कि उनमें भावनायें नहीं होतीं। ब्रेन स्कैन से पता चलता है कि महिलाओं की तरह ही पुरुष भी भावनाओं को उतनी ही तीव्रता से महसूस करते हैं, परंतु सबके सामने उनका इज़हार करने में झिझकते हैं।

पुरुष के व्यवहार को प्रतिबिंबित करने की कुंजी यह समझ लेने में है कि वह अपने भावों का इज़हार करने के लिये अपने पूरे शरीर का

सहारा लेता है – सिर्फ़ चेहरे का नहीं। बहुत सी महिलायें एक भावहीन पुरुष को प्रतिबिंबित करना काफ़ी कठिन मानती हैं पर अगर वे ऐसा कर लेती हैं, तो उन्हें इसके सकारात्मक परिणाम मिलते हैं। अगर आप एक महिला हैं तो इसका मतलब है कि आपको अपने चेहरे के भावों को कम से कम करना होगा ताकि आप भयावह न लगें। सबसे महत्वपूर्ण बात यह कि आप वह प्रतिबिंबित न करें जो आपकी राय में सामने वाला पुरुष महसूस कर रहा है। अगर आपकी राय ग़लत हुई तो परिणाम विनाशकारी होंगे। आपको सिरफिरा या अजीब समझा जायेगा। जो महिलाएँ सुनते समय चेहरा गंभीर बनाये रखती हैं उन्हें पुरुष ज़्यादा बुद्धिमान, कुशल व समझदार समझते हैं।

उपाय # 6 : गति निर्धारित करना (Pacing)

आवाज़ का लहजा, उतार-चढ़ाव और बोलने की गति भी प्रतिरूपण के दौरान एक से हो जाते हैं ताकि तालमेल बेहतर बन सके। इसे गति निर्धारित करना कहते हैं और ऐसा लगता है मानो दो लोग एक ही सुर में गा रहे हों। आप अक्सर देखेंगे कि वक्ता अपने हाथों से ताल देकर समय गिनता है जबकि श्रोता अपने सिर झुकाने की लय के द्वारा उससे तालमेल करता है। जब संबंध प्रगाढ़ होते हैं तो देह और भाषायी स्थितियों के प्रतिबिंबन में कमी आ जाती है क्योंकि दोनों लोग एक दूसरे की आगे आने वाली भावनाओं का अंदाज़ा लगा लेते हैं। दूसरे आदमी के साथ गति निर्धारण तालमेल बनाने का प्रमुख माध्यम बन जाता है।

कभी भी सामने वाले व्यक्ति से ज़्यादा तेज़ गति से न बोलें। सर्वेक्षण से पता चलता है कि यदि कोई उनसे ज़्यादा तेज़ी से बात करता है तो कई लोग 'दबाव' में आ जाते हैं। किसी आदमी के बोलने की गति उसके दिमाग़ द्वारा जानकारी के सचेतन रूप से विश्लेषण करने की क्षमता दर्शाती है। सामने वाले व्यक्ति के समान या उससे कम गति से बोलें और उसके लहज़े के उतार-चढ़ाव को प्रतिबिंबित करें। गति निर्धारण बहुत महत्वपूर्ण है, ख़ासकर फोन पर अपांइटमेंट लेते समय क्योंकि वहाँ पर आवाज़ ही आपका एकमात्र अस्त्र है इसलिये आपको इस क्षेत्र में अभ्यास करने की ज़रूरत है।

खण्ड चार

सकारात्मक प्रभाव डालने की छह सशक्त तकनीकें

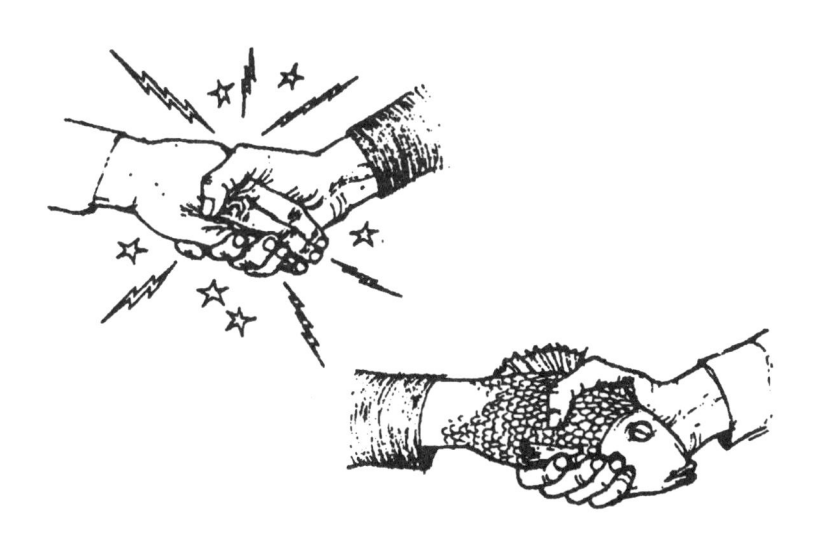

ख़राब प्रभाव डालने के दो श्रेष्ठ तरीके

पहला प्रभाव डालने के लिये आपको दुबारा मौक़ा नहीं मिलता है। शायद आपने अपनी दादी से यह सुना होगा। और यह बताने के लिये उन्हें कम्प्यूटर यंत्रों की ज़रूरत भी नहीं पड़ी होगी, जिनके अनुसार चार मिनट से भी कम समय में लोग आपके बारे में 90% राय बना लेते हैं। या यह कि लोग तत्काल आपके बारे में कम से कम 25 फैसले कर लेते हैं जिनमें आपकी उम्र, आमदनी, शिक्षा, अधिकार, मित्रता और विश्वसनीयता शामिल हैं। वे तो यहाँ तक निर्णय ले लेते हैं कि बिना कोई गारंटी लिये आपको कितना रुपया उधार दिया जा सकता है। सौभाग्य से इनमें से चार क्षेत्र ऐसे हैं जिन पर आपका थोड़ा-बहुत नियंत्रण होता है। ये हैं- आपका हाथ मिलाने का तरीका, मुस्कराहट, पोशाक, और व्यक्तिगत स्थान।

तकनीक # 1 हथेली की शक्ति

हमारी देह भाषा के सर्वाधिक सशक्त संकेतों में से एक है हमारी हथेली का प्रयोग, जिसे हम अक्सर अनदेखा कर देते हैं। जब इसका सही प्रयोग किया जाता है तो हथेली की शक्ति द्वारा प्रयोगकर्ता को अधिकार और मौन प्रभुता मिल जाते हैं।

हथेली के संकेत मुख्य रूप से तीन प्रकार के होते हैं: ऊपर की तरफ़ हथेली, नीचे की तरफ़ हथेली, और हथेली-बंद करके नोंकदार तर्जनी। हर स्थिति में शक्ति के अंतर को हम इस उदाहरण में दिखा रहे हैं। मान लीजिये आप किसी को कमरे के अंदर ही दूसरी जगह पर जाने के लिये कहते हैं। हम यह मान लेते हैं कि आप अपनी आवाज़ का लहजा एक सा रखते हैं और अपने शब्द तथा चेहरे के भाव भी एक से रखते हैं, सिर्फ़ आपकी हथेली की स्थिति बदल जाती है। ऊपर की तरफ़ हथेली (चित्र A) अभयदान का संकेत है और इस प्रार्थना पर जिस व्यक्ति से जगह बदलने के लिये कहा जा रहा है वह भयभीत महसूस नहीं करेगा। यह संकेत आदिकाल से प्रयुक्त किया जा रहा है जब गुफामानव इसके द्वारा यह बताता था कि उसके हाथ में कोई हथियार नहीं था।

A आत्मसमर्पणकारी **B** प्रबल **C** आक्रामक

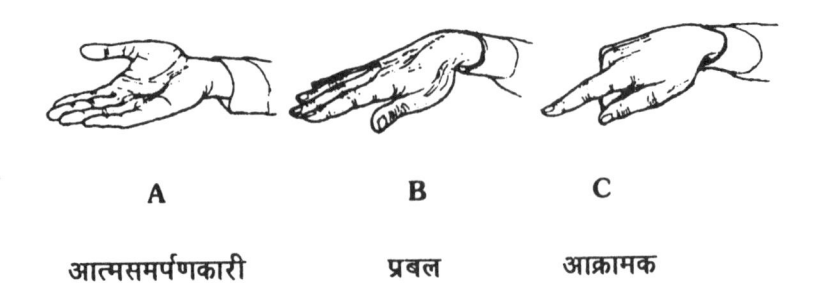

जब आपकी हथेली नीचे की तरफ़ मुड़ी होती है (चित्र B) तो आप तत्काल अधिकार जताना चाहते हैं। जिस आदमी से आप बात कर रहे हैं वह यह महसूस करेगा कि उसे आदेश दिया जा रहा है और वह आपकी बात का बुरा भी मान सकता है- ख़ासकर तब जब उसे लगे कि आपको इस तरह आदेश देने का कोई अधिकार नहीं है।

अगर आप प्रस्तुति दे रहे हैं और हथेली को लगातार नीचे की तरफ़ रखे हुए हैं तो श्रोता आपको नकार देंगे।

चित्र C में बतायी गयी उंगली एक तरह की प्रतीकात्मक छड़ी बन जाती है जिसके माध्यम से वक्ता श्रोता को प्रतीकात्मक रूप से पीटकर उससे आत्मसमर्पण करवाना चाहता है। उंगली दिखाना सबसे ज़्यादा चिढ़ाने वाले संकेतों में से एक है, ख़ासकर तब जब श्रोता वक्ता के शब्दों के साथ समय की लय बना रहा हो।

नीचे-हथेली और उंगली दिखाने के संकेतों पर किये गये शोध से पता चलता है कि श्रोता इन संकेतों का प्रयोग कर रहे वक्ताओं को ज़्यादा आक्रामक, शक्तिशाली, घमंडी या अक्खड़ बताते हैं और वक्ताओं द्वारा क्या कहा गया यह ठीक से नहीं बतला पाते। ऐसा इसलिये होता है क्योंकि श्रोता तो वक्ता के नज़रिये के बारे में ही निर्णय ले रहा होता है और उसकी बात को ठीक से सुनता ही नहीं है।

अगर आपको उंगली उठाने की आदत है तो कोशिश करें कि आप हथेली- ऊपर और हथेली-नीचे की स्थितियों का अभ्यास करें। आप

पायेंगे कि इन स्थितियों के सम्मिश्रण से आप ज़्यादा आरामदेह माहौल बना सकते हैं और अपने श्रोताओं पर ज़्यादा सकारात्मक प्रभाव डाल सकते हैं।

तकनीक # 2 हाथ मिलाना

हाथ मिलाना गुफामानव युग का अवशेष है। जब भी गुफामानव मिलते थे, वे अपने हाथ आगे करके हथेलियाँ ऊपर करके यह दिखाते थे कि उन्होंने कोई भी हथियार नहीं पकड़ा है, न ही छुपाया है। हवा-में-हथेलियाँ उठाने का यह संकेत सदियों संशोधित हुआ है और एक हथेली-उठी हुई या हृदय-पर-हथेली जैसे बहुतेरे संकेतों में बदल गया है। इस प्राचीन अभिवादन प्रतीक का आधुनिक प्रकार है हथेलियों द्वारा एक दूसरे को जकड़ा जाना और हथेलियों को हिलाना- यह मुलाक़ात के प्रारंभ और अंत दोनों वक़्त होता है। सामान्यतया हाथ तीन से पाँच बार जुड़ते हैं।

हम पहले ही बता चुके हैं कि किसी आदेश में हथेली-ऊपर और हथेली-नीचे की स्थितियों का क्या प्रभाव पड़ता है। आइये, इसे ध्यान में रखते हुये हम हाथ मिलाने में इन दोनों स्थितियों की प्रासंगिकता खोजें।

कल्पना कर लें कि आपने किसी नये आदमी से हाथ मिलाकर अभिवादन किया है। तीन मूलभूत प्रतिक्रियाओं में से एक संप्रेषित होगीः

1. **अधिकार** : यह आदमी मुझ पर हावी होने या अधिकार जमाने की कोशिश कर रहा है। बेहतर होगा कि मैं चौकस रहूँ।
2. **समर्पण** : मैं इस आदमी पर अधिकार जमा सकता हूँ। यह वही करेगा जो मैं चाहूँगा।
3. **समानता** : मैं इस आदमी को पसंद करता हूँ। हम दोनों की खूब जमेगी।

यह प्रतिक्रियाएँ अचेतन द्वारा संप्रेषित होती हैं।

अधिकार संप्रेषित होता है जब आप अपने हाथ को घुमा लेते हैं (गहरी शर्ट) ताकि आपकी हथेली हाथ मिलाते समय नीचे की तरफ़ रहे (चित्र 1)। ज़रूरी नहीं है कि आपकी हथेली बिलकुल नीचे फर्श की तरफ़

ही रहे, हो सकता है कि यह दूसरे आदमी की हथेली से तुलनात्मक रूप से नीची रहे और इससे यह साबित होता है कि आप सामने वाले को अपने नियंत्रण में लेना चाहते हैं। चौवन सफल वरिष्ठ प्रबंधन अधिकारियों के समूह के अध्ययन से यह बात सामने आयी कि न सिर्फ़ उनमें से बयालीस ने हाथ मिलाने की पहल की बल्कि हाथ मिलाने के प्रबल नियंत्रण का भी प्रयोग किया। हाथ मिलाने की यह शैली तालमेल बनाने के लिये अच्छी नहीं है क्योंकि ज़्यादातर लोगों को यह आक्रांत करने वाली लग सकती है। यह पुरुषों द्वारा ही ज़्यादा इस्तेमाल की जाती है।

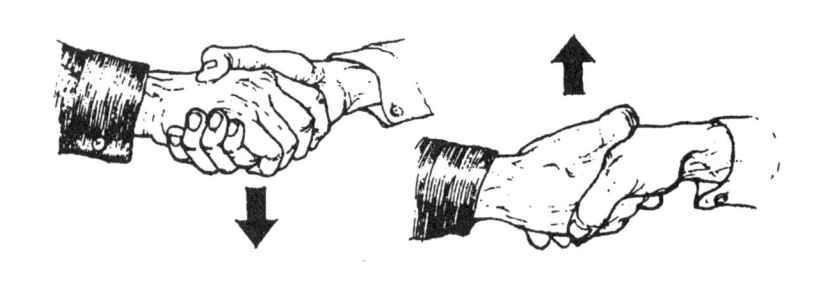

1. नियंत्रण लेना   2. नियंत्रण देना

ठीक उसी तरह जिस तरह कुत्ते अपनी पीठ के बल लेटकर और आक्रमणकर्ता को अपना गला दिखाकर अपना समर्पण दर्शाते हैं हम इन्सान हथेली ऊपर करके दूसरों के प्रति अपना समर्पण दर्शाते हैं। अधिकारपूर्ण हाथ मिलाने से उलटा है अपनी हथेली को ऊपर की तरफ़ रखना (चित्र 2)। यह ख़ास तौर पर तब असरदार होता है जब आप दूसरे आदमी को नियंत्रण देना चाहते हैं या उसे यह समझाना चाहते हैं कि वह नियंत्रण में है। इसके द्वारा यह भी जताया जा सकता है कि आप आक्रांत हो सकते हैं।

हाथ मिलाकर तालमेल कैसे बनाया जाये

हाथ मिलाकर तालमेल बनाने के दो नियम हैं – पहला, अपनी हथेलियों को सीधा रखिये, न अधिकारपूर्ण मुद्रा में, न ही समर्पण की मुद्रा में, बल्कि समान। इससे हर एक आरामदेह व भयहीन महसूस करेगा। दूसरे, आप भी उतना ही दबाव डालें जितना आप पर डाला जा रहा है।

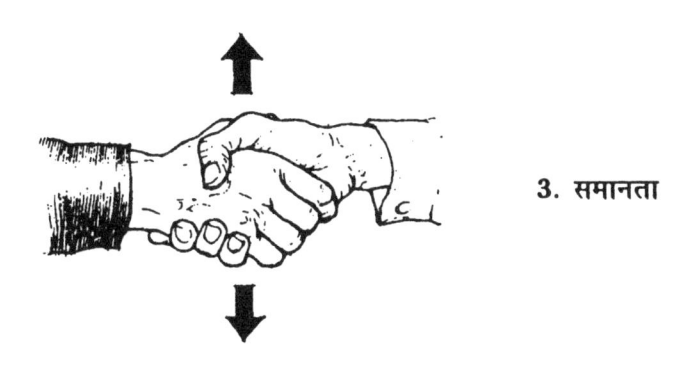

3. समानता

इसका यह मतलब निकलता है कि यदि आपको 10 लोगों के समूह से मिलवाया जा रहा है तो आपको कई बार अपने दबाव को बदलना पड़ेगा और हाथ के कोणों में भी कई सामंजस्य करने पड़ेंगे।

हाथ मिलाने की इस शैली में न कोई विजेता होता है, न ही पराजित और न ही कोई डरा हुआ महसूस करता है। इससे हर आदमी आरामदेह स्थिति में होता है और वह नये विचारों के प्रति रुचि दिखा सकता है, क्योंकि तब हम एक दूसरे के प्रति कम निर्णयकारी होते हैं।

हाथ ऐसे मत मिलाइये

नये लोगों को 'डबल-हैंडर' या दोनों हाथों से अभिवादन मत कीजिये। हालांकि इसका लक्ष्य स्वागत, गर्मजोशी और प्रगाढ़ता की भावनायें संप्रेषित करना होता है पर सामने वाले पर इसका बिलकुल उल्टा असर होता है। उसे लगता है कि आप गंभीर नहीं हैं, कम विश्वसनीय हैं

या आप छुपे हुये उद्देश्यों से प्रेरित हैं। हमेशा एक हाथ से ही हाथ मिलायें।

नये लोगों से हाथ मिलाते समय दोनों हाथों का प्रयोग न करें।

तकनीक # 3 बाएं हाथ में सामान पकड़ना

यह तकनीक पहली नज़र में साफ़ दिख जाती है पर बहुत कम लोग इस तरफ़ ध्यान देते हैं। फोल्डर, कागज़, ब्रीफकेस, पर्स या गिलास अपने बाएं हाथ में पकड़ने की आदत डालें। हम एक दूसरे से हाथ मिलाते समय अपने दाँये हाथ का प्रयोग करते हैं, इसी तरह कुर्सी खिसकाने और अलविदा करने के लिये भी दाँये हाथ का प्रयोग करते हैं। उदाहरण के तौर पर अगर आपको किसी से मिलवाया जाता है और आपने अपने दाँये हाथ में कोल्ड ड्रिंक पकड़ रखा है तो आपको अपने ड्रिंक को अपने बाएं हाथ में थामने के लिये मजबूर होना पड़ता है। अगर आप ऐसा सफलतापूर्वक कर भी लें और किसी के जूते पर एक बूँद भी न गिरे तो भी नये आदमी

को एक ठंडा, गीला हाथ मिलता है और उसके लिये यही आपका पहला प्रभाव होता है -- ठंडा और गीला। अगर आप दाँये हाथ में दस्तावेज पकड़े हों और दरवाज़ा खोलने, कुर्सी खिसकाने या हाथ मिलाने के लिये अपना हाथ बदलते हैं तो आपके हाथ से दस्तावेज गिर सकते हैं और आप मूर्ख समझे जा सकते हैं।

तकनीक # 4 मुस्कराहट की शक्ति

इन्सान ही इकलौता प्राणी है जो होंठों को पीछे करके अपने दाँत दिखाता है पर आपको काटता नहीं है। मुस्कराने का उद्‌गम एक तुष्टिकरण संकेत के रूप में हुआ है और बंदरों और चिंपाज़ियों द्वारा भी इसका प्रयोग यही दर्शाने के लिये किया जाता है कि वे धमका नहीं रहे हैं।

मुस्कराहट एक प्राचीन तुष्टिकरण संकेत है

इस संकेत में हमारे शोध दर्शाते हैं कि आप इसका जितना ज़्यादा इस्तेमाल करेंगे, लोग आपके उतना ही क़रीब खड़े होना चाहेंगे, आपको अधिक देखना चाहेंगे, आपको छूने के लिये ज़्यादा प्रेरित होंगे और आपके साथ लंबे समय तक रहना चाहेंगे। दूसरे शब्दों में आपके बिज़नेस और व्यक्तिगत जीवन के लिये मुस्कराहट बड़े फ़ायदे की चीज़ है क्योंकि यह दर्शाती है कि उनको आपसे कोई ख़तरा नहीं है।

तकनीक # 5 क्षेत्रीय आदर

हममें से हर एक के शरीर के चारों तरफ़ फासले का एक बुलबुला होता है जिसे व्यक्तिगत स्थान (Personal Space) के नाम से जाना जाता है। इसकी चौड़ाई जनसंख्या घनत्व पर निर्भर करती है और उस संस्कृति पर भी जिसमें वह मनुष्य रहता है।

उदाहरण के तौर पर, ज़्यादातर मध्यवर्गीय लोग जो अंग्रेज़ीभाषी देशों से आते हैं उनकी व्यक्तिगत स्थान की आवश्यकता 46 सेमी. (18 इंच) होती है और इसीलिये बिना डर की स्थितियों या सहज सामाजिक स्थितियों में वे एक मीटर दूर खड़े रहते हैं (चित्र 1)

1. अधिकांश अंग्रेज़ीभाषी शहरों में खड़े होने की दूरी

यूरोप, भूमध्यसागर और दक्षिणी अमेरिका के कई हिस्सों मे व्यक्तिगत स्थान आवश्यकता 30 सेमी. (12 इंच) तक कम होती है। इसका मतलब यह है कि वहाँ के निवासी एक-दूसरे के इतने पास आराम से खड़े रह सकते हैं जिसे ज़्यादातर पश्चिमी देशों में 'घुसपैठ करने वाला' समझा जायेगा।

2. भूमध्य सागरीय देशों में खड़े होने की दूरी

चित्र 2 में अगर दोनों लोग भूमध्यसागरीय प्रदेशों से हैं तो वे इस दूरी पर एक दूसरे के साथ सहजता का अनुभव करेंगे। पर अगर उनमें से एक लंदन का हो और दूसरा रोम का तो लंदनवासी शायद यह समझेगा कि सामने वाला ज़्यादा प्रगाढ़ता या आक्रामकता का प्रदर्शन कर रहा है। अगर आप किसी के क़रीब खड़े हैं और आप देखते हैं कि हर बार जैसे ही आप उसके क़रीब आते हैं, सामने वाला थोड़ा पीछे हट जाता है तो आप दूरी बनाये रखें और उसके ज़्यादा क़रीब जाने की कोशिश न करें। इसके द्वारा वह आपको यह बतला रहा है कि सहजता का अनुभव करने के लिये उसे इतना व्यक्तिगत स्थान चाहिये।

एक बहुत संवेदनशील विषय

अंग्रेज़ी न बोलने वाली कई संस्कृतियों में स्पर्श को संप्रेषण की सशक्त अभिव्यक्ति माना जाता है और इन संस्कृतियों में यह प्रभावी संप्रेषण के लिये ज़रूरी होता है। इस तरह के मामलों में आपकी रणनीति बिलकुल आसान है – जितनी बार आपको छुआ जा रहा है, उतनी ही बार आप स्पर्श को लौटायें। अगर सामने वाला आपको नहीं छू रहा है तो आप भी उसे न छुयें। उदाहरण के तौर पर अगर वह आदमी इतालवी या फ्रांसीसी हो और लगातार आपको छू रहा हो तो आपको भी उसे छूना पड़ेगा अन्यथा वह यह सोच सकता है कि आप उसे पसंद नहीं कर रहे हैं।

तकनीक # 6 सफलता के लिये पोशाक

कपड़े आपके शरीर का 90% तक हिस्सा ढंकते हैं और इसलिये आपकी पोशाक का लोगों पर काफ़ी असर पड़ता है। आपके कपड़ों से आपकी विश्वसनीयता, योग्यता, अधिकार, सामाजिक सफलता व व्यावसायिक स्थिति का अनुमान भी लगाया जाता है।

हालांकि इस खण्ड में हम पोशाक के सभी पहलुओं का विश्लेषण करने नहीं जा रहे हैं, फिर भी मैं आपको उचित पोशाक का फॉर्मूला बता देता हूँ। इस क्षेत्र में महिलाओं से ज़्यादा ग़लतियाँ हो सकती हैं क्योंकि महिलाओं के पास पुरुषों की अपेक्षा पोशाक की ज़्यादा शैलियाँ, रंग व डिज़ाइन होते हैं। हालांकि अधिकांश पुरुषों के पास कम चुनाव (और कम कपड़े) होते हैं, फिर भी ज़्यादातर पुरुषों के पास इतनी बुद्धि नहीं होती है कि वे मैचिंग का ध्यान रखें।

आदमी और सर्कस के जोकर में क्या अन्तर होता है?
जोकर जानता है कि वह अजीब कपड़े पहने हुए है।

ही... ही... अरे ओसवाल्ड, यह सूट तो असामान्य... अह... अलग हट के... अह... मजेदार है।

इसके अलावा आठ में से एक पुरुष लाल, नीले या हरे रंग के प्रति रंग-अंधत्व का शिकार होता है।

उचित व्यावसायिक पोशाक का रहस्य इस सवाल के जवाब में छुपा है – आपका संभावित ग्राहक आपको किस तरह की पोशाक में देखना चाहता है ? उनकी राय में विश्वसनीय, ख़ुशमिजाज़, अधिकारपूर्ण, समझदार, सफल और मिलनसार लगने के लिये आपको किस तरह के कपड़े पहनने चाहिये ? आपको कौन सा सूट, शर्ट, ब्लाउज़, टाई, स्कर्ट, जूते, घड़ी, मेकअप या हेयर स्टाइल चुनना चाहिये ? उनकी राय में - आपकी राय में नहीं।

याद रखें, आपके संभावित ग्राहक का विचार ज़्यादा महत्वपूर्ण है इसलिये उसी के हिसाब से कपड़ों का चयन करें। यह हर इलाक़े में अलग होता है और जलवायु के मान से पोशाक की शैलियाँ भी बदलती हैं, पर आप अपने इलाक़े के सफल लोगों की मानक वेशभूषा के मानदंडों के अनुरूप ही अपनी वेशभूषा चुनें।

कुछ लोग कहेंगे, 'पर रिचर्ड ब्रैन्सन और बिल गेट्स को देखिये। वे तो ऐसे कपड़े पहनते हैं मानो अभी हवादार सुरंग में से निकलकर आ रहे हों।' ये लोग अपवाद हैं, नियम नहीं। अगर हम सब इन्हीं की तरह के कपड़े पहनने लगें तो दूसरे हम पर भरोसा करना या हमारा अनुसरण करना बंद कर देंगे। अगर आप दुनिया के सबसे ज़्यादा सफल नेताओं और बिज़नेसमेन को देखेंगे, तो आप पायेंगे कि उनकी वेशभूषा स्तरीय होती है। और यही सबसे सुरक्षित मानक है। अपनी पसंद या अपने आराम के हिसाब से अपने कपड़ों का चयन करके ख़ुद की राह में बाधा खड़ी न करें। अपने संभावित ग्राहक की अपेक्षाओं के हिसाब से कपड़े पहनें।

अपने संभावित ग्राहक की तरह के कपड़े पहनने से वे आरामदेह तो अनुभव करेंगे, पर इसका अर्थ यह नहीं है कि वे आपका अनुसरण करना चाहेंगे।

खण्ड पाँच

देह भाषा : संकेतों को किस तरह पढ़ें

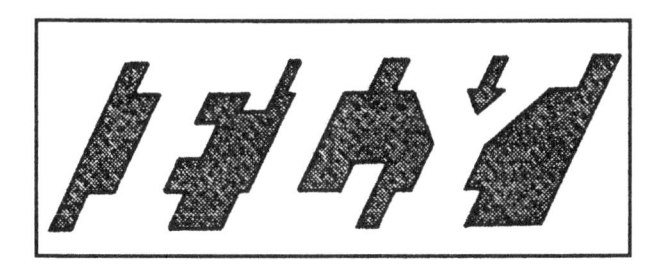

कई लोग स्पष्ट चीज़ों को नहीं देख पाते।
आप क्या देख पाते हैं ?

हममें से शायद हर कोई यह जानता है कि उसके व्यवहार से उसका दृष्टिकोण समझा जा सकता है। जब मैंने 1976 में **बॉडी लैंग्वेज** लिखी थी, तब मुझे यह आभास भी नहीं था कि दुनिया पर इसका इतना ज़्यादा प्रभाव पड़ेगा। इसकी 33 भाषाओं में चालीस लाख से ज़्यादा प्रतियाँ बिकीं।

हमारे मूल देह भाषा शोध और उसके बाद हुये अनगिनत अध्ययनों से यह पता चलता है कि आमने-सामने की मुलाक़ातों में आपके श्रोताओं पर आपके संदेश का असर इस तरह होता है:

शब्द : समग्र प्रभाव का 7% से 10%

स्वर : समग्र प्रभाव का 20% से 30%

देहभाषा : समग्र प्रभाव का 60% से 80%

यह दर्शाता है कि आपके देखने के ढंग, हावभाव, मुस्कराहट, वेशभूषा और चलने के तरीके से सामने वाले पर सबसे ज़्यादा प्रभाव पड़ता है। आपके द्वारा प्रयुक्त शब्दों के प्रभाव से तीन गुना ज़्यादा महत्वपूर्ण होता है, शब्दों को कहने का आपका तरीका।

पढ़ने के तीन नियम

नियम # 1 : संकेत-समूह को पढ़ना

हर भाषा की तरह देह भाषा भी शब्दों, वाक्यों, वाक्यांशों और विरामों से मिलकर बनती है। हर संकेत एक अकेला शब्द है, जिसके कई अलग-अलग अर्थ हो सकते हैं। जब आप एक शब्द को दूसरे शब्दों के साथ एक वाक्य में रखते हैं तभी आप पूरी तरह इसका अर्थ समझ सकते हैं। संकेत जिन वाक्यों में आते हैं उन्हें हम संकेत-समूह कह सकते हैं।

कभी भी किसी संकेत का अकेले विश्लेषण न करें। उदाहरण के तौर पर सिर खुजाने के कई मतलब हो सकते हैं – डेन्ड्रफ, पिस्सू, पसीना, अनिश्चितता, भुलक्कड़पन या झूठ, जिसका सही अर्थ उसी समय दिखाई दे रहे बाकी संकेतों पर निर्भर करता है। सही अर्थ समझने के लिये हमेशा

पूरे संकेत समूह को पढ़ें जो कम से कम तीन संकेतों से मिलकर बना हो।

1. आलोचनात्मक मूल्यांकन संकेत समूह

चित्र 1 एक सामान्य आलोचनात्मक मूल्यांकन संकेत-समूह दर्शाता है - शरीर के सामने एक हाथ, दूसरा हाथ चेहरे पर, अंगूठा ठुड्डी को सहारा देता हुआ, पैर आर-पार और भौंहें चढ़ी हुई।

कभी भी अकेले संकेत को पढ़ने की कोशिश न करें - ऐसा नाक में खुजली के कारण भी हो सकता है।

पुस्तक के इस खण्ड में हम संकेतों का एक-एक करके विश्लेषण तो करेंगे, पर सामान्यतः संकेत इस तरह नहीं देखे जाते हैं – वे तो समूहों में दिखते हैं।

नियम # 2 पृष्ठभूमि का विचार करें

संकेत-समूहों का विश्लेषण उस पृष्ठभूमि में होना चाहिये जिसमें वे नज़र आते हैं। उदाहरण के तौर पर अगर कोई आदमी बस स्टैंड पर अपने हाथ और पैर आर-पार करके खड़ा हो, उसकी ठुड्डी नीचे हो और मौसम ठंडा हो तो इस बात की संभावना अधिक है कि उसे ठंड लग रही है, न कि यह कि वह सुरक्षात्मक मुद्रा में है।

2. ठंडा, न कि सुरक्षात्मक

अगर कोई इन्हीं संकेतों का प्रयोग तब करता है जब आप मेज़ पर उसके सामने बैठकर उसे अपना विचार बेचने की कोशिश कर रहे हों तो इसी संकेत-समूह का आप यह अर्थ निकाल सकते हैं कि वह व्यक्ति परिस्थिति को लेकर शायद नकारात्मक या सुरक्षात्मक रुख़ अपना रहा है।

नियम #3 सांस्कृतिक भिन्नताओं का ध्यान रखें

एक संकेत जो एक देश में एक चीज़ का प्रतीक होता है, दूसरे देश में वह किसी दूसरी चीज़ का प्रतीक हो सकता है। उदाहरण के तौर पर, चित्र 3 में दर्शायी अँगूठी मुद्रा का अर्थ पश्चिमी देशों में आम तौर पर 'ओ.के.' या 'अच्छा' होता है। इसका 'ओ.के.' अर्थ उन सभी देशों में मान्य है जहाँ पश्चिमी टेलीविज़न कार्यक्रम देखे जाते हैं और हालांकि पूरी दुनिया में यह अर्थ फैल रहा है परंतु कई जगहों पर इस मुद्रा के अलग उद्गम और अर्थ भी होते हैं।

3. अमेरिकियों के लिये 'अच्छा', फ्रांसीसियों के लिये 'ज़ीरो' और यूनानियों के लिये 'अपमानजनक'

उदाहरण के तौर पर, फ्रांस में इसका अर्थ 'शून्य' या 'कुछ नहीं' होता है, जापान में इसका अर्थ 'पैसा' होता है और कई भूमध्यसागरीय देशों में यह यौन-अपमान का संकेत है।

मूलभूत देह भाषा के ज़्यादातर संकेत हर जगह एक से होते हैं। जब लोग खुश होते हैं तो वे मुस्कराते हैं, जब वे दुःखी होते हैं या गुस्सा होते

हैं तो वे भौंहें चढ़ा लेते हैं या नाक फुला लेते हैं। सिर हिलाने का अर्थ भी हर जगह 'हाँ' या सकारात्मक होता है और, जैसा पहले ही बताया जा चुका है यह संकेत सिर झुकाने का एक तरीका है। मुस्कराहट शायद जन्मजात होती है क्योंकि जिन लोगों में बचपन से ही देखने की शक्ति नहीं होती और जो इसे वास्तव में कभी नहीं देख पाते, वे भी इसका प्रयोग करते हैं।

मैं इस खण्ड में देह भाषा संकेतों का एक आसान शब्दकोश प्रस्तुत करना चाहूँगा जो ज़्यादातर संस्कृतियों में समान है और ये ऐसे संकेत हैं जो आमने-सामने की प्रस्तुतियों में आपके सर्वाधिक काम आयेंगे।

महिलायें क्यों बेहतर समझ सकती हैं?

जैसा हमने अपनी पुस्तक **Why Men Don't Listen and Women Can't Read Maps** में लिखा है - पुरुषों के दिमाग़ छोटे-छोटे, शब्दहीन और स्वर-संबंधी संदेश समझने के लिये पूरी तरह अनुकूल नहीं होते हैं- इसीलिये महिलायें कई पुरुषों को दूसरों की ज़रूरतों या भावनाओं के प्रति लापरवाह या 'असंवेदनशील' समझती हैं।

सार्वजनिक स्थानों पर महिलायें कई बार पुरुषों से यह कहती हैं, 'क्या तुमने मेरी आँख का इशारा नहीं देखा था? तुम्हें यह समझ जाना चाहिये था कि मैं पार्टी छोड़कर घर जाना चाहती थी।' वह आँख का इशारा बहुत सी महिलाओं को साफ़ समझ में आ सकता है, पर बहुत से पुरुषों को यह बिलकुल भी समझ में नहीं आता।

> पुरुष निष्ठुर नहीं होते - उनके दिमाग़ ही इस तरह से नहीं बने होते कि वे देहभाषा के सूक्ष्म संकेतों को पढ़ सकें।

जब कोई महिला कहती है कि उसे कोई व्यक्ति समूह के विचार से आहत या असहमत दिख रहा है, तो वह वास्तव में चोट या असहमति देख रही है। उसे यह पता चल जाता है कि किस व्यक्ति की देह भाषा समूह

से अलग जा रही है। ज़्यादातर पुरुषों को हैरत होती है कि महिलायें किस तरह असहमति, गुस्सा, चालाकी और चोट को देख सकती हैं। ऐसा इसलिये होता है क्योंकि ज़्यादातर पुरुषों के मस्तिष्क देह भाषा के सूक्ष्म वर्णन पढ़ने के लिये उतने सक्षम नहीं होते जितने कि महिलाओं के होते हैं। इसीलिये आमने-सामने की मुलाक़ात में किसी महिला से झूठ बोलने की कोशिश करना नासमझी होगी – फोन पर ऐसा करने में कम जोखिम है।

देहभाषा पढ़ना कैसे सीखें ?

हर रोज़ पन्द्रह मिनट का समय निकालें, लोगों के संकेतों को पढ़ें और ख़ुद के संकेतों के बारे में भी सचेतन जागरूकता विकसित करें। देहभाषा पढ़ने की सबसे अच्छी जगह वह होती है जहाँ बहुत से लोग आपस में मिलते और चर्चा करते हैं। हवाई अड्डा मानवीय संकेतों के सातों रंगों के अवलोकन के लिये बहुत अच्छी जगह है क्योंकि वहाँ पर लोग खुलेआम उत्सुकता, गुस्सा, दुःख, खुशी, बेताबी और दूसरी भावनाओं का इज़हार संकेतों के माध्यम से करते हैं।

सामाजिक समारोह, व्यावसायिक बैठकें और गोष्ठियां भी अध्ययन के उपजाऊ मैदान हैं। टी वी देखना भी सीखने का एक बेहतरीन तरीका है। आवाज़ को बंद कर दें और सिर्फ़ तस्वीर देखकर ही यह समझने की कोशिश करें कि क्या हो रहा है। कुछ मिनटों बाद आवाज़ चालू करके आप यह जाँच सकते हैं कि आपका शब्दहीन अध्ययन कितना सही है। आपको बहुत ज़्यादा समय नहीं लगेगा जब आप बिना आवाज़ के पूरा कार्यक्रम देख सकेंगे और क्या हो रहा है यह समझ सकेंगे – जिस तरह कि गूंगे-बहरे लोग समझ सकते हैं। एक वीडियो कैमरे का प्रयोग करके प्रस्तुति देते हुये ख़ुद की फिल्म बनाइये और इसे बिना आवाज़ के चालू कीजिये और अपने दोस्तों तथा रिश्तेदारों से अपनी प्रस्तुति का मूल्यांकन करने को कहिये।

देहभाषा की त्वरित मार्गदर्शिका

यहाँ पर हम सबसे ज़्यादा प्रयोग में आने वाले देहभाषा संकेतों की संदर्भ सूची दे रहे हैं जो आपकी प्रस्तुति के दौरान मददगार साबित होगी।

हाथ बाँधना

कुछ विचार और उद्गम

शरीर के सामने हाथ बाँधना या शरीर के सामने हाथ आड़े रखना एक असम्बद्ध और सुरक्षात्मक दृष्टिकोण दर्शाता है। यह एक जन्मजात संकेत है और 70 प्रतिशत लोग अपनी बाँयी बाँह को दाँयी बाँह के ऊपर बाँधते हैं। इस आदत को बदलना लगभग असंभव सा प्रतीत होता है। इसका उद्देश्य यह है कि किसी भी प्रकार के आक्रमण से दिल और फेफड़ों की सुरक्षा हो जाये और ज़्यादातर वानर अथवा वनमानुष भी इसी वजह से इस मुद्रा का प्रयोग करते हैं।

यह किसी सख़्त चने को फोड़ने की तरह है।

इस संकेत में किये गये शोध बताते हैं कि सुनते समय जो श्रोता इस मुद्रा का प्रयोग करते हैं वे उन लोगों से 38 प्रतिशत कम समझते हैं जो खुली स्थिति में होते हैं। जब प्रस्तुतकर्ता के प्रदर्शन के बारे में उनसे पूछा गया तो हाथ बाँधने वाले लोगों ने छोटे वाक्यों का प्रयोग किया, नज़रें कम मिलाईं, पीछे टिककर ज़्यादा बैठे और प्रस्तुतकर्ता के प्रदर्शन के प्रति ज़्यादा आलोचनात्मक रुख़ अपनाया, बजाय उन श्रोताओं के जो बिना हाथ बाँधे बैठे थे।

4.   5.   6.

हाथ बाँधने के कई सूक्ष्म तरीके होते हैं जैसे आधे हाथ बाँधना (चित्र 4)। अपने आपसे हाथ मिलाना (चित्र 5), जो उस स्पर्श का अवशेष है जब आपके घबरा जाने पर आपके माता-पिता आपका हाथ पकड़ा करते थे और दोनों हाथों से कोई चीज़ पकड़ना (चित्र 6)। दोनों हाथों से पर्स, गिलास, या फोल्डर पकड़ने का उद्देश्य सुरक्षा का एहसास हासिल करना होता है क्योंकि उस स्थिति में आपके हाथ शरीर के सामने होते हैं। दूसरे हाथ में पहनी अंगूठी, घड़ी या शर्ट के बटन छूने से भी वही परिणाम मिलते हैं। चित्र सात दर्शाता है कि दाहिने हाथ पर बैठा व्यक्ति सही पृष्ठभूमि में संकेतों के समूह का प्रयोग कर रहा है। वह हाथ-बाँधने की मुद्रा का प्रयोग कर रहा है, उसके पैर खुले हैं (पुरुष आक्रामकता), एक भौंह चढ़ी हुई है (आलोचनात्मक), बन्द होंठों पर मुस्कराहट है (अपने आपको पीछे हटाते

हुये) और शरीर दूसरी तरफ़ को है (रुचिहीनता)। वह बाक़ी दोनों लोगों से ख़ुद को उपेक्षित महसूस कर रहा है, जबकि वे दोनों लोग प्रतिबिंबन के द्वारा एक दूसरे के साथ तालमेल बना रहे हैं।

7. दाहिनी तरफ़ बैठा व्यक्ति उपेक्षित महसूस कर रहा है।

कारण और परिणाम की समस्याएँ

उदाहरण के तौर पर मान लें कि कोई आदमी नकारात्मक, सुरक्षात्मक, सबसे अलग या विरोधी महसूस कर रहा है। इस बात की काफ़ी संभावना है कि वह अपने रवैये को अपने सीने के आर-पार हाथ बाँधकर शब्दहीन संकेत में व्यक्त करेगा। हमें शोध से यह भी पता चला है कि हाथ बाँधने की अवस्था में व्यक्ति की समझने की क्षमता 40 प्रतिशत कम हो जाती है और उसका रुख़ आलोचनात्मक हो जाता है।

यह साधारण प्रयोग करके देखें। पीछे की तरफ़ टिक जायें और अपने हाथों को सीने पर कसकर बाँध लें। आप कैसा अनुभव करते हैं? बंधा हुआ? असहभागी? असम्मिलित? अध्ययनों से पता चलता है कि आपने किसी भी कारण से सीने के सामने हाथ बाँधे हों आपको इस संकेत के नकारात्मक प्रभावों का अनुभव होने लगता है। यह कारण और परिणाम की स्थिति है। आदतन हाथ बाँधने वालों का हमेशा यह दावा रहता है कि वे इस मुद्रा में ज़्यादा 'आरामदेह' महसूस करते हैं क्योंकि हाथ बाँधने के संकेत से उन्हें उसके साथ जुड़ी भावनाओं का भी अनुभव होता है। अगर

आप यह यक़ीन न भी करें कि हाथ बाँधना एक नकारात्मक संकेत है तो भी आपका श्रोता अचेतन रूप से आपको नकारात्मक या ग़ैर-मिलनसार समझ बैठेगा। इसी कारण एक ठंडे कमरे में लोगों के समूह से कोई बात मनवाना काफ़ी कठिन होता है। प्रस्तुति के समय कमरे का आदर्श तापमान 21 डिग्री होना चाहिये।

कुछ उपयोगी रणनीतियाँ

1. अपने शब्दकोश में से हाथ बाँधने की मुद्रा हटा दीजिये। अगर आपने ऐसा नहीं किया तो आपके श्रोता आपकी बातें पूरी तरह से नहीं समझ पायेंगे। वे आपके प्रति ज़्यादा आलोचनात्मक रुख़ अपनायेंगे और आपको कम पसंद करेंगे। खुली देहभाषा का प्रयोग करें।
2. जहाँ तक संभव हो श्रोताओं को बैठने के लिये हत्थे वाली कुर्सी दें। इससे उन्हें हाथ खुले रखने के ज़्यादा मौक़े मिलते हैं और वे चर्चा में अधिक भाग लेना चाहेंगे। बिना हत्थेवाली कुर्सियों को ज़्यादा क़रीब न रखें क्योंकि इससे श्रोता एक दूसरे के स्पर्श से बचने के लिये हाथ बाँध लेंगे।
3. अगर आपके श्रोता हाथ बाँधकर बैठे हैं तो आप उनकी मुद्रा को बदल सकते हैं। आप अपने सवालों के जवाब में उनसे हाथ उठवा सकते हैं, उन्हें शारीरिक रूप से शामिल होने वाले अभ्यास दे सकते हैं। उन्हें टिप्पणी लिखने के लिये पेन और कागज़ दे सकते हैं या उन्हें गर्म पेय दे सकते हैं।

हाथ से चेहरे को छूना

कुछ निष्कर्ष और स्रोत

वे सभी शोधकर्ता, जिन्होंने हाथ से चेहरे के स्पर्श के संकेत का अध्ययन किया है, सहमत हैं कि इसका संबंध नकारात्मक भावनाओं से है। पश्चिमी और ज़्यादातर यूरोपी लोग उस समय हाथ से चेहरे को ज़्यादा छूते हैं जब वे झूठ बोलते हैं। यह एशियाई लोगों के साथ नहीं होता जो धार्मिक कारणों से सिर छूने से बचते हैं पर झूठ बोलते समय उनके पैरों

की हरकत बढ़ जाती है।

हाथ से चेहरा छूने के मौलिक संकेत

बच्चों में आम तौर पर देखा जाता है कि झूठ बोलते वक़्त वे अपना चेहरा छिपा लेते हैं। वयस्कों में भी यह चित्र 8 की तरह देखा जा सकता है। झूठ बोलते समय नाक की संवेदनशीलता बढ़ जाती है, जिसके कारण नाक से स्पर्श (चित्र 9) बढ़ जाता है। आँखों को हाथ से छुपाने से हम वह नहीं देखते जो हम नहीं देखना चाहते या जिस पर हमें भरोसा नहीं होता। यह आँख मलने की मुद्रा (चित्र 10) का उद्‌गम स्त्रोत है। कान मलना (चित्र 11) या गर्दन को खुजाना (चित्र 12) भी यह संकेत देते हैं कि व्यक्ति अनिश्चित है या जो कहा जा रहा है उस पर वह भरोसा नहीं कर रहा है।

8.

9.

10.

11.   12.

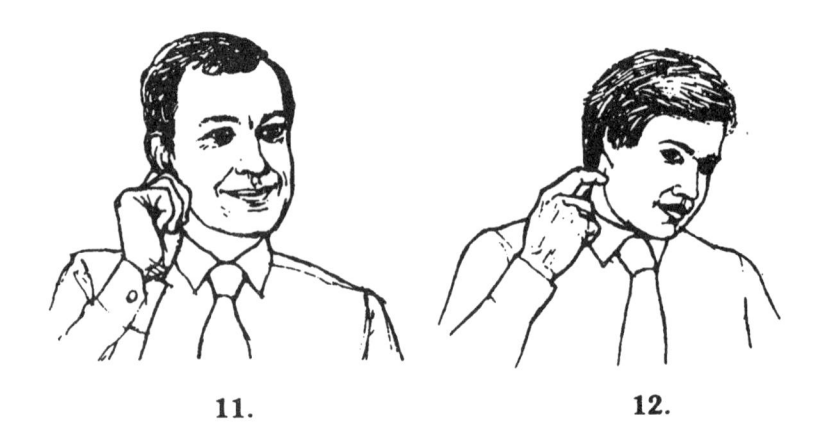

कुछ उपयोगी तकनीकें

1. हमेशा हाथ से चेहरे को छूने के संकेतों को समूहों में और उनकी पृष्ठभूमि में पढ़ें। कभी भी नाक की खुजली को धोखे का संकेत न समझें।

2. अपनी प्रस्तुति के दौरान हाथ-से-चेहरे के स्पर्श संकेतों से हमेशा परहेज़ करें, क्योंकि इनके प्रयोग से आपके श्रोता आप पर कम भरोसा करेंगे। वीडियो कैमरे के सामने अभ्यास करें या शीशे के सामने खड़े होकर रिहर्सल करें ताकि चेहरे को छूने की आपकी आदत खत्म हो जाये।

3. अगर आपकी प्रस्तुति के दौरान कोई हाथ-से-चेहरे के स्पर्श संकेत का प्रयोग कर रहा हो तो यह करें-

   'मुझे लगता है कि आप कोई सवाल पूछना चाहते हैं- क्या आप बतायेंगे कि आपका सवाल क्या है ?'

   इसका ज़्यादा प्रबल तरीका यह है - **'आपकी देहभाषा बता रही है कि आप कुछ पूछना चाहते हैं ? - क्या आप बतायेंगे कि आपका सवाल क्या है ?'**

   इस आख़िरी प्रश्न को पूछते समय सावधानी बरतें क्योंकि यह कई बार अपमानजनक लगता है - यह व्यावसायिक प्रश्नकर्ताओं द्वारा प्रयुक्त किया जाता है।

सकारात्मक देह-संकेत

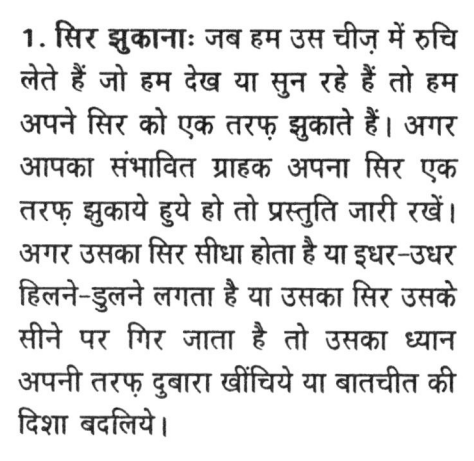

1. सिर झुकानाः जब हम उस चीज़ में रुचि लेते हैं जो हम देख या सुन रहे हैं तो हम अपने सिर को एक तरफ़ झुकाते हैं। अगर आपका संभावित ग्राहक अपना सिर एक तरफ़ झुकाये हुये हो तो प्रस्तुति जारी रखें। अगर उसका सिर सीधा होता है या इधर-उधर हिलने-डुलने लगता है या उसका सिर उसके सीने पर गिर जाता है तो उसका ध्यान अपनी तरफ़ दुबारा खींचिये या बातचीत की दिशा बदलिये।

2. गाल पर हाथ रखनाः यह आपकी प्रस्तुति का सकारात्मक मूल्यांकन दर्शाता है। हाथ गाल पर टिका रहता है, पर सिर को सहारा नहीं देता। उंगली सामान्यतः कनपटी को छूती है। यदि सिर हाथ के सहारे टिकने लगे तो इसका यह मतलब है कि श्रोता की रुचि घट रही है।

3. चश्मे की नोक चूसनाः कोई आदमी पेन, पेंसिल या अपने होंठ भी चूस सकता है। यह मूल्यांकन का एक तरीका है और तब देखा जाता है जब व्यक्ति किसी निर्णय पर पहुँचने की कोशिश करता है। परंतु यह निर्णय लेने से रोकने का भी लक्षण हो सकता है क्योंकि उसके मुँह में कोई चीज़ होने के कारण वह जवाब देने की ज़रूरत महसूस नहीं करता।

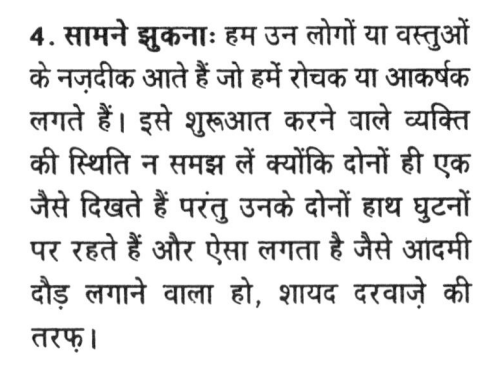

4. सामने झुकना: हम उन लोगों या वस्तुओं के नज़दीक आते हैं जो हमें रोचक या आकर्षक लगते हैं। इसे शुरूआत करने वाले व्यक्ति की स्थिति न समझ लें क्योंकि दोनों ही एक जैसे दिखते हैं परंतु उनके दोनों हाथ घुटनों पर रहते हैं और ऐसा लगता है जैसे आदमी दौड़ लगाने वाला हो, शायद दरवाज़े की तरफ़।

5. मीनार (Steeple): यह संकेत एकाकी संकेत की तरह पढ़ा जा सकता है और इससे एक ठंडे किन्तु विश्वासपूर्ण रवैये का पता चलता है। सवाल यह है कि यह विश्वास किसके प्रति है ? क्या विश्वास आपके साथ चलने के बारे में है ? या विषय पर अपने ख़ुद के ज्ञान पर विश्वास है ? क्या यह उन्होंने पहले कहीं सुन रखा है ? जिस पृष्ठभूमि में इसका प्रयोग किया जाता है, उसी से इसका सही जवाब मिलता है।

6. बाहर झांकते अंगूठे: कोट की जेब, पैंट की जेब, गिरेबान के मोड़ में से अंगूठे बाहर निकल सकते हैं। बाहर निकले अंगूठे से श्रेष्ठतापूर्ण रुख़ का संकेत मिलता है- विश्वासपूर्ण और ठंडा, जो मीनार की तरह का संकेत होता है। अपने श्रोताओं के सामने इस संकेत का प्रयोग करना समझदारी नहीं होगी क्योंकि इसे घमंडी या अक्खड़ व्यवहार माना जा सकता है।

देह भाषा : संकेतों को किस तरह पढ़ें ● 91

7. दोनों हाथ सिर के पीछेः ऐसा आम तौर पर पुरुष करते हैं। इससे यह संप्रेषित होता है, 'मैं इसके बारे में सब कुछ जानता हूँ - मुझे सब मालूम है।' आप इस आदमी से इस तरह का सवाल पूछ सकते हैं, 'मुझे लगता है कि आप इस बारे में कुछ जानते हैं - क्या आप मुझे अपना अनुभव बताना चाहेंगे?' इसका परिणाम या तो सहयोग या फिर वाद-विवाद होगा, जो इस बात पर निर्भर करता है कि संकेत किस पृष्ठभूमि में दिया गया है।

नकारात्मक देह संकेत

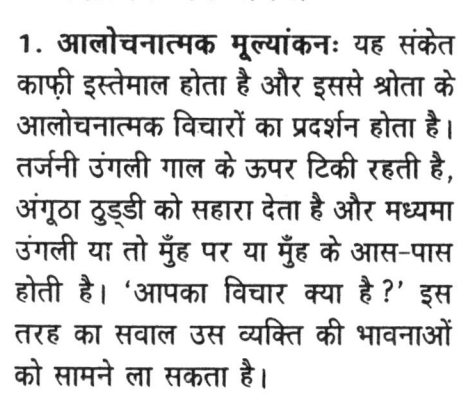

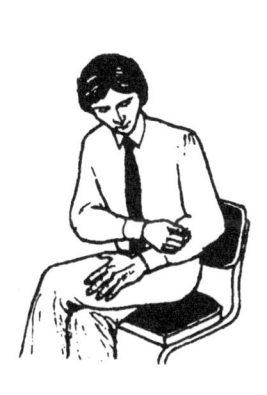

1. आलोचनात्मक मूल्यांकनः यह संकेत काफ़ी इस्तेमाल होता है और इससे श्रोता के आलोचनात्मक विचारों का प्रदर्शन होता है। तर्जनी उंगली गाल के ऊपर टिकी रहती है, अंगूठा ठुड्डी को सहारा देता है और मध्यमा उंगली या तो मुँह पर या मुँह के आस-पास होती है। 'आपका विचार क्या है?' इस तरह का सवाल उस व्यक्ति की भावनाओं को सामने ला सकता है।

2. काल्पनिक रोयां चुननाः काल्पनिक रोयां चुनना यह बताता है कि जो कुछ भी कहा जा रहा है व्यक्ति उससे असहमत है। जब वह व्यक्ति काल्पनिक फाहा या रोयां चुन रहा होता है तो वह दूसरी तरफ़ देखने लगता है। इस तरह के व्यक्ति से 'मुझे लगता है आप कोई प्रश्न पूछना चाहते हैं?' जैसे सवाल पूछना ठीक रहेगा।

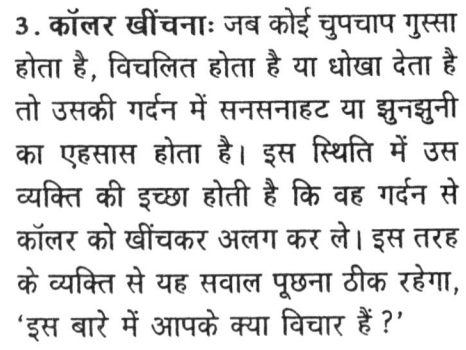

3. कॉलर खींचनाः जब कोई चुपचाप गुस्सा होता है, विचलित होता है या धोखा देता है तो उसकी गर्दन में सनसनाहट या झुनझुनी का एहसास होता है। इस स्थिति में उस व्यक्ति की इच्छा होती है कि वह गर्दन से कॉलर को खींचकर अलग कर ले। इस तरह के व्यक्ति से यह सवाल पूछना ठीक रहेगा, 'इस बारे में आपके क्या विचार हैं ?'

4. गर्दन में दर्दः यह अभिव्यक्ति पूरी तरह बताती है कि यहाँ क्या हो रहा है। बढ़ते हुये तनाव या बढ़ती हुई कुंठा के कारण आदमी अपनी गर्दन के पिछले हिस्से को सहलाता या ठोकता है ताकि वहाँ उठ रही झुनझुनी के एहसास को शांत किया जा सके। यह एहसास तब होता है जब कोई शब्दशः आपकी 'गर्दन में दर्द' पैदा करता है। यह गर्दन में छोटी इरेक्टा पिलर (**Erecta Pillar**) मांसपेशियों की गतिविधि के कारण पैदा होता है।

5. मंद-मंद आँखें झपकानाः यह चिढ़ाने वाला संकेत उस आदमी द्वारा दिया जाता है जो ख़ुद को आपसे बेहतर, समझदार, अमीर या स्मार्ट समझता है। इसके साथ ही ऐसा आदमी अक्सर अपने पैर के तलवे को उठाकर अपना क़द बढ़ाने की कोशिश भी करता है। दिमाग़ जब कोई चीज़ नहीं देखना चाहता तो वह आँखों को बंद कर लेता है। हो सकता है वह आदमी आपको हिकारत की नज़र से देख रहा हो।

देह भाषा : संकेतों को किस तरह पढ़ें ● 93

6. कुर्सी पर पैर रखनाः इसके कई अर्थ होते हैं - पहला यह कि व्यक्ति आरामदेह है और आत्मविश्वास से पूर्ण है, ख़ासकर जब वह कुर्सी उसकी न हो। दूसरी तरफ़, यह उसकी क्षेत्रीय सीमा का संकेत भी हो सकता है क्योंकि वह कुर्सी के ऊपर पैर रखकर उस पर अपना हक़ जता रहा है। समग्र रुख़ आरामदेह उदासीनता का संकेत होता है।

7. कुर्सी पर पैर फैलाकर बैठनाः यह ख़ास तौर पर एक पुरुष संकेत है क्योंकि यह अधिकार या श्रेष्ठता का संदेश प्रेषित करता है। कुर्सी की पीठ संभावित 'ख़तरे' से रक्षा करती है और पैर फैलाना पुरुष का प्राचीनतम अधिकार संकेत है। जो आदमी इस स्थिति में हो उससे कभी बहस न करें। इसके बजाय उसे चर्चा में शामिल करें और कुर्सी सीधी करके बैठने के लिये कहें।

8. धीमे-धीमे हाथ मलनाः हाथ मलने की गति से आदमी की संभावित भावनाओं का पता चलता है। तेज़ी से हाथ मलने वाला आदमी किसी बात के परिणाम के प्रति रोमांचित अनुभव करता है। धीमे-धीमे हाथ तब मले जाते हैं जब उस व्यक्ति को चर्चा से फ़ायदा होने या पैसा कमाने की उम्मीद होती है।

एक सामान्य संकेत समूह

इस दृश्य में दाहिनी तरफ़ बैठी महिला ने आलोचनात्मक मुद्रा अपना रखी है और बाएं हाथ पर बैठा आदमी खुली हथेलियों का प्रयोग करके और आगे की तरफ़ झुककर उससे बातें करने की कोशिश कर रहा है। केंद्र में बैठा व्यक्ति मीनार संकेत का इस्तेमाल कर रहा है और अपने आक्रामक पैर की स्थिति से विश्वासपूर्ण और आश्वस्त रुख़ का प्रदर्शन कर रहा है।

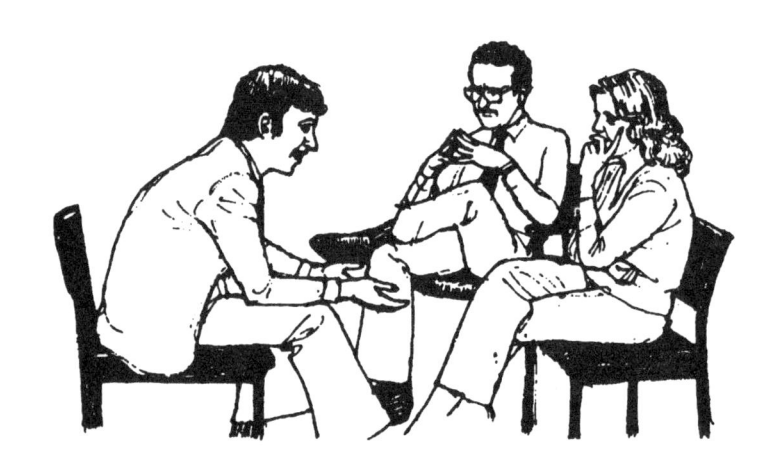

आख़िरी शब्द

देहभाषा को समझना किसी पहेली की तरह लगता है — हममें से ज़्यादातर के पास यह भाषा टुकड़ों-टुकड़ों में आती है पर हम उन्हें पूरी तस्वीर में नहीं जमा पाते।

देहभाषा का पहला नियम हमेशा याद रखें — अकेले संकेत की कभी व्याख्या न करें, हमेशा समूहों का ध्यान रखें। इस बात को सुनिश्चित कर लें कि सभी संकेतों की पृष्ठभूमि और सांस्कृतिक विभिन्नताओं का ध्यान रखा गया हो।

देहभाषा पढ़ने की योग्यता का मतलब है कि हम प्रतिदिन की स्थितियों में साफ़ नज़र आने वाली चीज़ों को पढ़ सकें।

अब अगले चित्र को देखें। आपको क्या नज़र आता है?

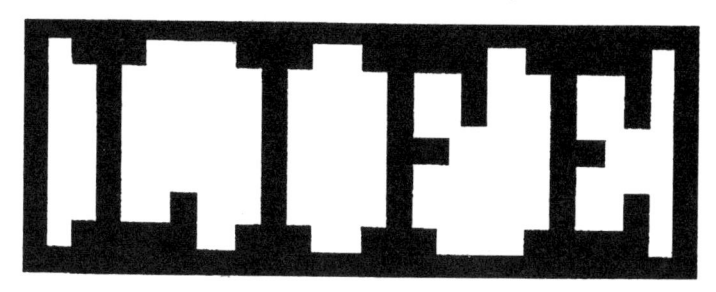

समापन

आपने कितनी बार किसी को उच्च स्तरीय नेटवर्कर के बारे में यह कहते सुना है, 'उसमें कुदरती प्रतिभा है' या 'वह जन्मजात सेल्समैन है'।

आपने किसी डॉक्टर या इंजीनियर के बारे में 'कुदरती प्रतिभा वाले इंजीनियर' या 'जन्मजात फार्मेसिस्ट' या 'जन्मजात डॉक्टर' वाक्यांश नहीं सुने होंगे। हम जानते हैं कि ये व्यवसाय वैज्ञानिक व्यवसाय हैं।

विज्ञान एक दक्षता या तकनीक है जिसे क्रमबद्ध अध्ययन के द्वारा हासिल किया जाता है और जो निष्कर्ष, प्रयोग और मापन पर आधारित होती है।

उच्च-स्तरीय नेटवर्क कार्यकर्ता 'कुदरती प्रतिभा वाला' या 'जन्मजात' नहीं होता। उच्च-स्तरीय नेटवर्किंग एक विज्ञान है-एक सीखने की कला- जो दूसरे विज्ञानों की ही तरह है। यह पुस्तक आपको कई सशक्त तकनीकें प्रदान करती है और यह सिखाती है कि आप उनका किस तरह इस्तेमाल कर सकते हैं, किस तरह अपनी प्रगति को माप सकते हैं या उसमें सुधार कर सकते हैं, और लोगों से बात करते समय किस तरह से ध्यान दे सकते हैं। नेटवर्किंग का विज्ञान एक सीखने वाली कला है जिसमें दूसरे विज्ञानों की तरह ही पूर्ण निष्ठा, लगातार मेहनत और सतत अभ्यास की ज़रूरत होती है।

सफलता की यात्रा में नेटवर्क कार्यकर्ता के सामने पैदा होरोली सबसे बड़ी चुनौतियों में से एक हैकारात्मक प्रतिक्रिया के प्रति अति-संवेदनशीलता। जब आप इस पुस्तक में दी गई तकनीकों का इस्तेमाल करते हैं, तो आपकी समझ में आयेगा कि हर 'हाँ' आपके लक्ष्यों को हासिल करने की दिशा में एक सकारात्मक क़दम है। अपने औसत को बनाये रखने से आपके सामने यह बार-बार साबित होता रहेगा।

यह पुस्तक 'कैसे करें' के रहस्य बताती है जो कइयों के लिये सबसे बड़ी बाधा है। अब बाक़ी आप पर है।

नेटवर्क मार्केटिंग बिज़नेस बिना शोरशराबे या विज्ञापन के लगभग रातोंरात विकसित हुआ है - और अंततः यह सबसे बड़ा बिज़नेस सिस्टम बन सकता है। इसकी सफलता वितरण तंत्र पर निर्भर करती है जो पूरी तरह अपने सदस्यों के उत्साह के बलबूते पर ही चलता है। यह मनुष्य के दिमाग़ द्वारा सोचे गये सर्वाधिक महत्वपूर्ण और व्यापक अवसरों में से एक

इस पुस्तक से आपको ऐसी कई कुंजियां मिलती हैं जिनसे आप इस तंत्र के ख़ज़ाने के ताले को खोल सकते हैं और आप सफलता की तरफ तेज़ रफ्तार से आगे बढ़ सकते हैं। इस पुस्तक में बताई गई हर बात आज़मायी हुई है, उसका परीक्षण किया गया है और उसके तत्काल परिणाम मिलते हैं। हर चीज़ काम करेगी, बशर्ते कि आप काम करें। सफलता की चोटी पर पहुँचने के लिये अब किसी बहाने की गुंजाइश नहीं है। इसलिये अपने लक्ष्य बनाइये और उनकी तरफ़ बढ़िये।

✸ एलन पीज़